남미를 노래하다
América del Sur

문병채

샘물

목차

들어가며
남미 여행을 떠나며　　　　　　　　　　11

에콰도르

1. 자연과 문화
하늘에서 본 안데스산맥　　　　　　　　22
적도의 나라 '에콰도르'　　　　　　　　26
에콰도르의 역사　　　　　　　　　　　28

2. 키토
키투왕국의 수도 '키토'　　　　　　　　30
세상의 중심 '적도탑'　　　　　　　　　32

페루

1. 리마
살기 좋은 '알티플라노 고원'　　　　　　38
아름다운 리마 해변　　　　　　　　　　41
고대 잉카제국 '파차카막'　　　　　　　44
샌프란시스코 수도원　　　　　　　　　46

2. 와카치나
팬 아메리칸 하이웨이　　　　　　　　　50
신비로운 파라카스(칸델라브로) 문화　　54
작은 갈라파고스 '바예스타 섬'　　　　　58

| '와카치나 사막'의 낭만 | 62 |
| 미스터리한 나스카 지상화 | 68 |

3. 쿠스코
잉카문명의 중심 '쿠스코'	74
옛것으로 가득 찬 '아르마스 광장'	77
신화 속의 '쿠스코의 밤'	82
잉카문명의 꽃 '코리칸차 신전'	84
잉카제국의 흥망성쇠	88
잉카인의 놀라운 석조기술	92
페루 민요에 심취하다	96
남미의 미식 '페루 음식'	100
쿠스코에 남긴 여행 흔적	102
잊지 못할 도시 '쿠스코'	106

4. 잉카유적
마추픽추 가는 길	112
불가사의한 '마추픽추'	118
안데스산맥의 염전	128
인디언들의 전통생활	135
모라이 농업연구소	139
난공불락의 성 '삭사이와만'	143

볼리비아

1. 라파스
가난한 볼리비아 수도 '라파스'	152
황량한 '달의 계곡'의 트레킹	158
볼리비아의 극심한 빈부의 차	163
뮤릴로 광장과 쇼핑의 즐거움	167

2. 티티카카호
그림 같은 코파카바나 포구	172
잉카제국의 기원 '태양의 섬'	174
호수 위에 뜬 '우로스 섬'	176

3. 우유니
우유니 소금사막에 가다	180
소금사막 입구 '콜차니 마을'	182
번영과 비극의 '기차무덤'	184
경이로운 '소금사막'	186
환상적인 드라이브	190
별빛 & 선셋투어	194
우유니의 비경	198
잊지 못할 인생-샷	202
볼리비아 가수와 추억	206
와인파티를 열다	208
선인장 가득한 '어부의 섬'	210
원주민 마을	214
우유니를 떠나며	219

칠레

1. 산티아고
하늘에서 본 '아타카마 사막'	226
'산티아고' 그 화려함	230
산티아고에서의 휴식	234

2. 칠레 파타고니아
파타고니아 관문 '나탈레스'	240
항공에서 본 '파타고니아'	242

꿈에 그리던 토레스 델 파이네 246
낯선 곳에서 우연한 인연 252
푼타 아레나스 256

아르헨티나

1. 파타고니아
파타고니아 Ruta40 262
경이로운 '모레노 빙하' 266
빙하 따라 트레킹을 하다 268
'억년의 빙하' 그 맛 273
국립공원에서 하룻밤 추억 278
파타고니아여 안녕! 282

2. 우수아이아
남미 끝 '우수아이아' 286
우수아이아 바다 288
다윈이 답사한 비글해협 290
세계 최남단 국립공원 293
바다동물의 사파리 투어 296
교민 농장에 초대받다 298
우수아이아를 떠나다 302

3. 부에노스아이레스
플로리다 거리를 걷다 306
이곳에도 '오월의 광장'이 있네 308
조선의 순교자 그림이 걸린 성당 310
아르헨티나 문화의 상징 '탱고' 312
해외여행, 내게 하나의 꿈 316
탱고 발상지 '카미니토' 318

세계에서 가장 아름다운 서점   322
세상에서 가장 아름다운 묘지   326
남미 대표음식 '아사도 만찬'   328
부에노스아이레스여 안녕!   330

브라질

1. 이과수 폭포
라파인 디너쇼에 젖다   336
악마의 목구멍에 들어가다!   338
브라질 조류공원   344
남미 3국 국경마을에 서다   348

2. 리오데자네이로
세계 미항 '리오'의 경관   352
리오의 '셀라론 계단'   356
브라질 '리오 대성당'   358
정든 리오를 떠나며   362

3. 아마존강
아마존강의 볼거리   366
관광의 허브 '마나우스'   368
아마존강 크루즈 유람   371
위험한 피라냐 낚시   374
인디언 원주민 촌   376

나오며

남미 여행을 마치며   380
나에게 여행이란   382

들어가며

남미
여행을 떠나며

여행이란
나의 재발견이고
다양한 감정과 마주한다.

특히 타국은
두려움과 낯설음,
설렘의 감정이 공존한다.

다음 주부터
잉카인을 만나려
남미 장기여행을 떠난다.

낯선 곳
신비로운 곳에서
신선한 기운을 얻고 싶고

매번 같은
삶에서 벗어나
새로움을 얻기 위해서다.

여행 묘미는
낯선 곳에서 이뤄지는
예기치 못한 일속에 있다.

인연이
닿는 사람들과의
만남이 벌써 기다려진다.

나는
여행을 좋아하고
신선한 경험을 좋아한다.

일상을 넘는
감정을 느끼면서
인생을 만들어 가고 싶다.

그에 더해
기록에 남기는 것
그 또한 즐기는 편이다.

기록은
낯선 곳에 대한
나의 도전이기 때문이다.

못 했던 것
가보지 못한 곳
마음껏 해보고 즐기고서

그것들을
보고 느낀 대로
서사의 글로 써낼 것이다.

글로써
특별하고 소중한
순간 순간을 붙잡으련다.

여행 코스

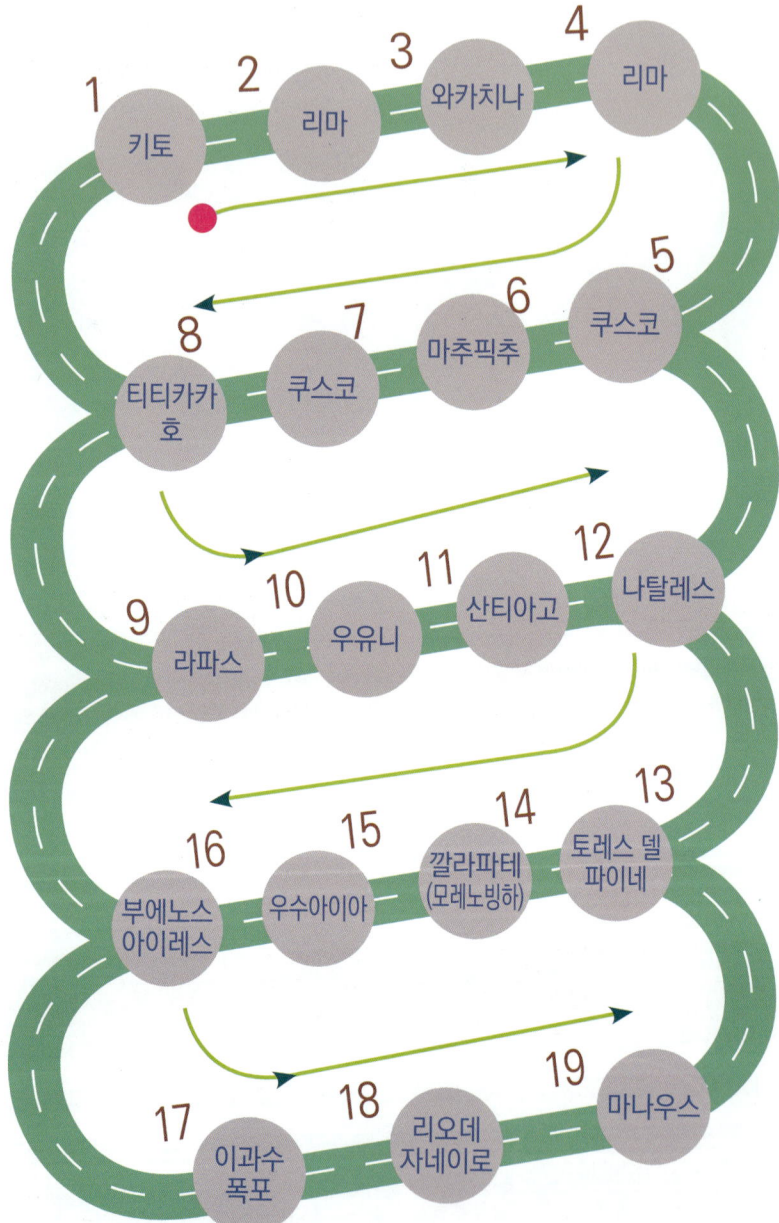

에콰도르

1. 자연과 문화

하늘에서 본
안데스산맥

드디어
안데스의 모습이
창밖으로 보이기 시작한다.

항공기가
하얗게 눈이 덮인
안데스 위를 철새처럼 난다.

하늘에서
내려다보이는 남미
어디든 경이로운 세계이다.

아침 안개가
두텁게 띠를 두르고
안데스를 휘감고 걸쳐있고

산자락에는
나무 한 그루 없고
붉은 흙만 황량하게 보여

어디든
사람이라곤
도무지 살 수 없을 것 같다.

신기하고
아름답기도 하지만
한편으론 무섭기까지 하다.

온통
바윗덩어리와
마른 흙덩이만 보일 뿐이고

문명이
있을 수가 없는
또 다른 우주 속 행성 같다.

이 험한 곳에
쿠스코 같은 도시가
어떻게 생기고 발달했을까.

이유가
다 있겠지마는
인간의 힘은 어디까지일까.

잉카인들은
맨땅에서 태어나
바위를 옮긴 사람들이었고

인류의
역사에 길이 남을
제국을 건설하고 꽃피웠다.

아! 안데스
파란 하늘과 대지가
저녁 석양빛에 물들어간다.

적도의 나라 '에콰도르'

안데스 산맥
웅장하고 원시적인
그 아름다움

자연의 힘과 생명력
그 어떤 말로도
표현하기 힘들고

여행 내내
시간을 거슬러 가는
느낌을 받는다.

엄청난 높이의 산들
푸른 하늘
눈 덮인 산봉우리

그 아래로 흐르는
맑은 강물
이 모든 것들이

하나로 어우러져
그림 같은
풍경 만들고 있다.

에콰도르 역사

에콰도르는
적도에 걸쳐 있고
'적도'란 뜻이다.

스페인 점령 이전
카라왕국
키토에 번영했었고

1534년
스페인 카사르가
정복했다.

1830년에 독립 후
정치적 불안
경제 곤궁에 처했다.

현재도
인플레이션 등으로
어려움을 겪고 있다.

태양과 달의 사원 잉가핑카

2. 키토

키투왕국의 수도 '키토'

신비와 경이로움이
가득 차 있는
남미의 작은 나라

연평균 13℃로
살기 좋은
상춘(常春)기후다.

피친차 화산 아래
고도 2,850m
안데스 계곡에 위치

세계 최대 생산의
바나나 밭
끝없이 펼쳐져 있고

그 사이사이로
흰 구름이
밀려 내려와 있다.

키투 왕국의
중심지였다는데
기록이 없고

발코니 가옥,
가파르고 좁은 길,
식민지풍 경관이다.

1535년 건립된
산 프란시스코 성당
유난히 돋보이고

많은 성당과 수도원
옛 저택들
그 자체가 도시이다.

세상의 중심 '적도탑'

적도에 관한
이것저것이 전시된
적도 표지탑

동/서/남/북
방향이 표시되고
적도선 그어져 있다.

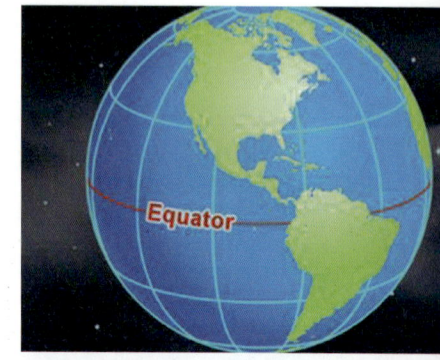

이곳저곳
신기한 것들이 많은
적도 광장

날카로운
못 끝 그 위에
달걀 올리기 실험장

나뭇잎이
빨려 들어가는
회전 방향의 관찰장

눈 감고
적도선을 따라서
걸어 보기

옛 인디언
삶을 재현해 놓은
인티난 박물관

기념사진 찍으며
과학 놀이로
여행을 즐긴다.

페루

1. 리마

살기 좋은
'알티플라노 고원'

지구상에서
가장 장엄하고
가장 긴 신비로운 산맥

신생대 때
지각의 이동으로
알티플라노 고원이 생겼고

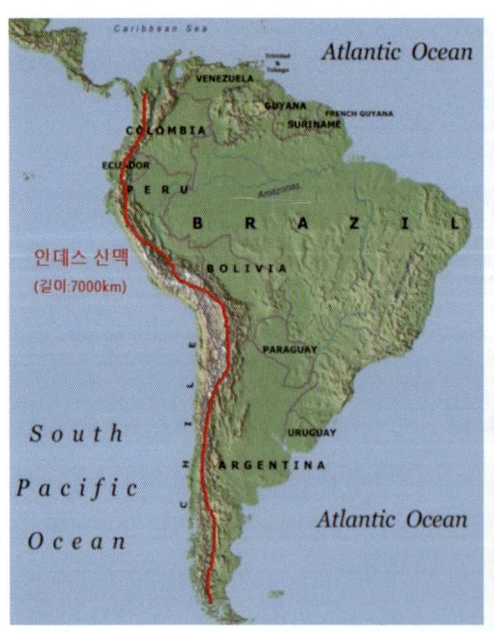

비옥한 토양
선선한 기후와 식생
사람이 살기 좋은 곳에는

태고의
신비를 지니고
고산도시가 발달해 있다.

그 뒤로
울퉁불퉁한
험악한 경관이 압도하고

곳곳에
사파이어 녹은 듯한
녹색의 호수가 반짝이고

지구상에
흔치 않은 고산기후
이 지역에 집중되어 있어

독특한 문화
아름다운 자연에
황홀한 세계에 빠져든다.

아름다운 리마 해변

식민시대
항구의 필요성으로
스페인이 건설한 포구

역사와 문화
자연의 아름다움이
독특하게 어우러진 곳

해안 절벽
해가 지니 더 예쁘고
이국적 분위기다.

아름다운 해변
거센 파도
신나게 노는 서핑족

파도치는 태평양 낀
해변 산책로
한가로이 걷는 이들

바랑코 해변의
해안설벽
숨 막히는 풍경이다.

커피잔 들고
태평양
석양을 바라본다.

레스토랑에 흘러나온
라틴 가요
사막에 흐른다.

아름답고 황홀한
오래도록 기억에 남을
먼 이국의 씬이다.

지친 여행객 영혼에
지울 수 없는
흔적 남기고 간다.

고대 잉카제국
'파차카막'

BC 200년경
리마 남쪽에 위치한
고대 잉카문명의 유적지

태양신이
인간을 만들고
나라를 세우도록 하여

한때
남미 대륙 중부를
지배해왔던 강성한 왕국

도시의
한계를 뛰어넘어
고대문명 신비를 느낀다.

돌 하나에
잉카인들의 애환과
페루역사가 서려있을 터.

기록도 없고
스페인의 파괴로
문명 실체를 알 수 없다.

우뚝 솟은
피라미드와 사원
그 옛날 신성했을 공간

모래 바람
흙벽돌 먼지 날려
스산한 느낌마저 준다.

샌프란시스코 수도원

리마는
자연과 역사문화가
독특하게 어우러진 도시이다.

리마의
역사적 장소들은
우리를 흥분시키는 보석이다.

그것들은
페루의 다면적인
과거 살아있는 연대기들이다.

리마의 중앙광장
고건물과 돌포장 도로
그 속에 리마역사가 담겨있다.

웅장한
플라자 마요르
샌프란시스코 수도원 지하실

이 곳은
잉카제국 시대의
잊지 못할 이야기를 담고 있다.

25,000명이 넘는
유해가 안치되어 있는
지하 묘소가 있는 수도원이다.

죽은 이들
수천 명의 뼈가
복잡한 패턴으로 쉬고들 있다.

인간 존재의
비영구성에 대한
성찰을 불러일으키는 곳이다.

이 신성한 홀들과
고대 유적지를 걸을 때,
영원한 이야기 속에 들어가고

냉정하지만
심오하고 감동적인
경험과 인간의 본질을 느낀다.

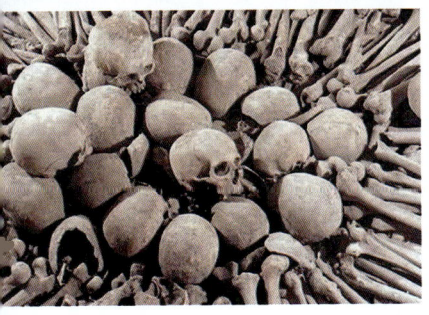

2. 와카치나

팬 아메리칸 하이웨이

알래스카에서
칠레 푼타아레나스까지
그 유명한 아메리카 하이웨이.

리마에서
해변도로를 따라
남으로 남으로 끝없이 달린다.

열대 지역이나
한류가 흘러 서늘하고
온통 메마른 황무지(사막)이다.

한류 영향으로
항상 오전에는 흐리며
남미에서 날씨가 가장 안 좋다.

건조해서
땅이 굳어 단단하여
모래사막 위에 집을 짓고 살고

물만 주면
뿌리 생육이 좋아
작물과 수목이 잘 자란 편이다.

야생꽃들
원색으로 화려하나
향기 없는 것들이 대부분이다.

지하수를 보호하고
안데스 융설수를 끌어오는
관개수로사업을 장려하고 있고

고도에 따라
작물별 재배지가 다르고
작물 종류도 많고 병충해도 없다.

인근 해역에는
동물, 조류, 식물 등
생물 다양성이 있는 서식지이다.

국민소득이 오르고
생활 수준이 향상됨에 따라
해변 따라 휴양촌이 생기고 있다.

거센 파도
예쁜 해안이 많아
서핑족이 이곳저곳 해변 메우고

절벽뷰 집들
아침 안개에 더욱 예쁘고
이국적인 분위기가 사로잡는다.

신비로운
파라카스(칸델라브로) 문화

파라카스
'모래폭풍'이라는 뜻
정오가 되면 모래바람이 분다.

독특한 지형
천혜의 해상공원
최고 피서지 중의 하나이다.

BC 1000년경
페루 해안(아데마스)에서
꽃피웠던 고대 파라카스 문명

훌륭한 자수 망토
아름다운 다채색 토기
직물이 고도로 발달했던 문명

신비롭고
흥미로운 거대한 지상화
파라카스 촛대인 칸델라브로

수세기 동안
연구자와 방문객들을
당혹스럽게 해온 지오글리프

단순하면서도
퍽이나 인상적이고
고대 공학과 예술을 보여준다.

외계인에게 보내는 신호
고대 항해 보조도구
신성한 성소의 상징물

그 진정한 목적은
무엇이었고
누가 언제 왜 그렸을까!

사람 접근이
어려운 곳이어서
더 신비롭고 경이로움을 준다.

작은 갈라파고스 '바예스타 섬'

햇볕은 뜨겁지만
한류가 흐르고
바람이 부니 겨울 날씨다.

바예스타 섬에는
엄청난 수의
물개와 물새가 살고 있다.

펭귄, 물개
바다사자, 물새가 사는
작은 갈라파고스라 한다.

바다사자는
몸집이 크고 갈색 털이며
지느러미가 있다.

물개는 몸집이 작고
검은 털이고
다리에 물갈퀴가 있다.

물범은
표범 얼룩무늬가 있고
어미 젖 먹고 큰다.

풀 한 포기 없는
바위섬이
이들의 낙원이다.

'구아나'라 불린
몸에 배길 것 같은
새똥 냄새가 확 풍긴다.

어찌나 똥이 많던지
멀리서 봐도
온통 섬이 하얗다.

동굴 아래
그늘진 자갈 해변에는
물개가 늘어져 뒹굴고

바위 위에는
펭귄들이
옹기종기 모여 논다.

작고 귀여운 펭귄이
뒤뚱거리며
둘씩 붙어 다닌 모습

관광객에게
펭귄이
단연 최고의 인기다.

유람선이
동굴로 들어가고
섬을 한 바퀴 빙 돌고

돌아서는
유람선에서
인증샷을 남기고

파라카스 항
잡상인 틈을
벗어나 차에 오른다.

'와카치나 사막'의 낭만

정해지지 않는 길
이리저리
멋대로 달리고 달린다.

눈을 못 뜰 정도고
평생 먹을 모래
이날 다 먹은 것 같다.

골재로
쓸 수 없을 정도로
미세하고 가는 모래

신발마저 벗고
맨발로 걷는
발바닥 감촉이 좋다.

탁 트인 곳
끝없는 푸른 하늘
높고 낮은 언덕 질주한다.

메마른 사막
비현실적으로 느껴지는
오아시스 휴양지도 있고

먼 옛날에
바다였던 곳이라
조개류 화석이 보이고

세계에서
가장 메마른 사막이나
광산이 많은 곳

굴곡진
사막 언덕 오르내리며
4WD 타기 샌드보딩을 즐긴다.

고운 모래에서
신나게 뒹굴다 보니
머리고 옷이고 모래 투성

가파른 경사
고운 모래 속
부드러워 계속 걷는다.

아름다운
사막의 풍경과
장면을 카메라에 담고서

눈 앞에 펼쳐진
수평선을 이룬 사막
언덕에 올라 노을을 본다.

세상이야
어찌 돌아가든
이 순간만큼은
돌아가고 싶지 않다.

내 세계가
어디까지 넓어지고
얼마까지 깊어질 수 있을까.

겹겹이
늘어선 모래 언덕
붉은 해가 지고 있다.

모래가
온통 주황색으로 변한다.
아름답고 황홀하다.

사라지는 해를
아쉬운 시선으로 바라본다.
여행의 행복을 느낀다.

사막에서의
액티비티가 끝나고
모래밭에 앉아 감상한다.

이 석양의 사막 풍경이
평화롭고 고요해
사랑스러운 순간이다.

미스터리한
나스카 지상화

나스카는
모래가 아닌
돌로 이루어진 나스카 사막.

항공에서 보니
다른 여타 사막들과
그의 느낌이 사뭇 다르다.

일 년 내내
비가 거의 오지 않고
바람마저 불지 않는 사막

나스카 문양은
수천 년의 세월 동안
그대로 보존될 수 있었고

공중에서만이
전체를 볼 수 있는
놀랍도록 거대한 규모다.

언제 누가
어떻게, 왜 그렸는지
미스터리의 유적지이다.

신기하게도
하늘에서 보니
그림이 뚜렷하게 보인다.

70개의 동식물
800개의 직선과 곡선
300개의 기하학적 도형.

지금도
새로운 그림이
계속 발견되어지고 있다.

동물과 식물
기하학적인 모양
인간형 인물 등 다양하다.

적갈색
자갈을 제거하여
흙을 드러내어 만들었다.

거대한 크기
복잡한 디테일
그 실행이 매우 정확하다.

일부 도형은
지하수 위치에 있어
수도 시스템 일부 아닐까!

매혹적인
나스카 문명의
독창성과 예술성의 증거다.

지금껏 숨 쉬고 살아왔던
지구 반대쪽 한켠에
이런 곳이 있었구나!

이토록 찬란한 향연이…
매일 매일
펼쳐지고 있었구나!

수 세기 동안
연구자와 방문객들을
당혹스럽게 해온 그림

단순하면서도
퍽이나 인상적이고
고대 공학과 예술이다.

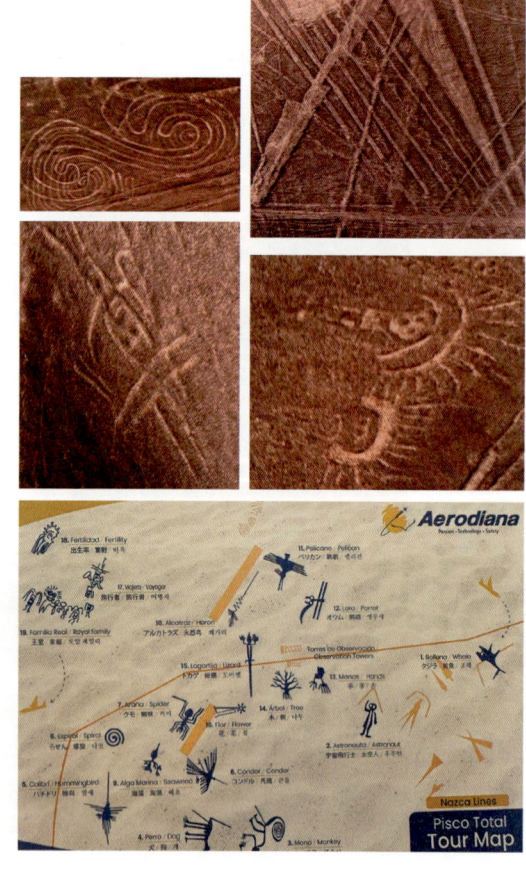

외계인에게 보내는 신호
경계나 신성한 성소
그 목적은 무엇이었을까!

사람 접근이
어려운 곳이어서
더 경이로움을 주는 그림

인간의 문명이
아름다움을 넘어서
신비로움으로 남는다.

[노트] 항공에서 촬영했으나 흐려서 책에 나온 그림으로 대체해 싣는다.

3. 쿠스코

잉카문명의 중심
'쿠스코'

석조가옥이 가득한
수백년간
잉카제국의 수도

제국의 유력자들
저택을 지어
부유하게 살아왔구나.

돌로 지은 건물
그 놀라운 축조술
긴 세월 지진에 버티고

당당히
시내를 굽어보고 있네
놀랍다 석조기술

크기도 모양도
일정치 않은 거석들
어찌 저리 꽉 맞췄을까!

신의 영역인듯
12각 돌까지
신의 퍼즐을 맞춰놨네

불가사의한
쿠스코 여행
즐거움 넘어 신비감 주네

이처럼
강한 인상이 남는
도시가 또 어디 있을까.

해질녘
숙소로 오는 길
먹구름이 하늘을 덮고

갈색의 돌
건물들이 만들어 낸
선과 색깔

밤이 되니
도시야경 켜져
더욱 아름다워지고

아르마스 광장을
붉게 물들이고
도시 매력을 품어내네.

옛것으로 가득 찬
'아르마스 광장'

나에게
남미 여행 중에
가장 좋았던 도시를 묻는다면

서슴지 않고
쿠스코를 말할 것이다.
아르마스에 서 보면 알 것이다.

제국의 중심지
그 광장에 들어서니
그 어느 도시보다 매력적이다.

멸망 전까지
잉카제국의 수도로
남미에서 가장 번성했던 도심

새파란 하늘
손에 잡힐듯한 구름
눈 덮인 안데스 능선과 봉우리

길색의
돌 벽돌을 쌓아 만든
건물들이 만들어 낸 선과 색깔

스페인이
점령 후 막대한 양의
황금을 보고 깜짝 놀랐던 장소

백인들의
탐욕 손길이 더해졌지만
찬란했던 곳 여전히 아름답다.

도시 전체가
살아 있는 박물관으로
역사와 문화가 어우러져 있고

단순히
고고학적 유적지만 아니고
옛문화 정수가 이어지고 있다.

그 영감을 받아
수많은 예술가와 공예가가
지금도 독창적인 작품을 만들고

그 예술은
생활의 일부가 되어
여행자에게 문화적 풍요를 준다.

수제품들은
높은 예술적 가치와
깊은 고요함을 여전히 보여주고

시간이 갈수록
그 작품들을 통해서
문화의 깊이 있는 사유를 느끼는

세월이
느리게 가는 도시
번들거리는 현대화를 거부하는

자연 속에서
자연과 더불어
자연처럼 순수한 사람이 산다.

쿠스코
만화에서만 보던 곳
신비로움이 가득 쌓인 도시이다.

쿠스코 여행은
나의 인생에 있어서
결코 잊지 못할 강한 추억을 준다.

신화 속의 '쿠스코의 밤'

신화 속에 있는
쿠스코
만화 같은 도시

어쩐지 친근한
신비로운
매력도 있다.

산자락
불 켜진 집들이
밤하늘 별들 같고

외래문화에
울타리를 꽉 치고
꿋꿋이 버티네

번들거리는
현대를 거부하고
세월이 느리게 가는 곳

자연 속에서
자연과 더불어
자연처럼 살아간다.

사라진
잉카문화를
이곳에서 만날 수 있다.

도시에
사람 냄새 나는
오래 묵은 문화가 있다.

잉카문명의 꽃 '코리칸차 신전'

티티카카호수와
코리칸차 신전과 마추픽추
잉카문명의 핵심이라 할 수 있다.

잉카제국
가장 화려했던 건물은
태양의 신전인 '코리칸차'이었다.

스페인이
엄청난 금 재물들을
약탈한 곳도 바로 코리칸차였다.

코리칸차 옆에
'아크야와시'이라는
선발된 '여인들의 집'이 있었다.

그곳은 격리되고
'위대한 신'에게 바쳐진
처녀들이 사는 은밀한 곳이었다.

그들의
임무 가운데 하나는
신의 것인 '영원한 불' 보존이었다.

잉카제국
최고의 신 '태양 신'
매년 태양 축제를 성대히 열었다.

16세기
스페인 침략 후
성도미니카 수도원으로 바뀌었다.

신전이나
성당의 느낌보다
웅장한 성채 느낌 이상한 곳이다.

해질녘
이곳에서 바라본
쿠스코 석양은 가히 환상적이다.

잉카제국의 흥망성쇠

잉카제국은
1230년 만코카팍이
초대 황제가 되어 세웠다.

그는
신정을 구축하고
잉카제국 창시자가 됐다.

그 이후
14대에 걸쳐
황제에 의해 다스려졌다.

쿠스코는
잉카제국의 수도로
수천 년의 역사를 지녔다.

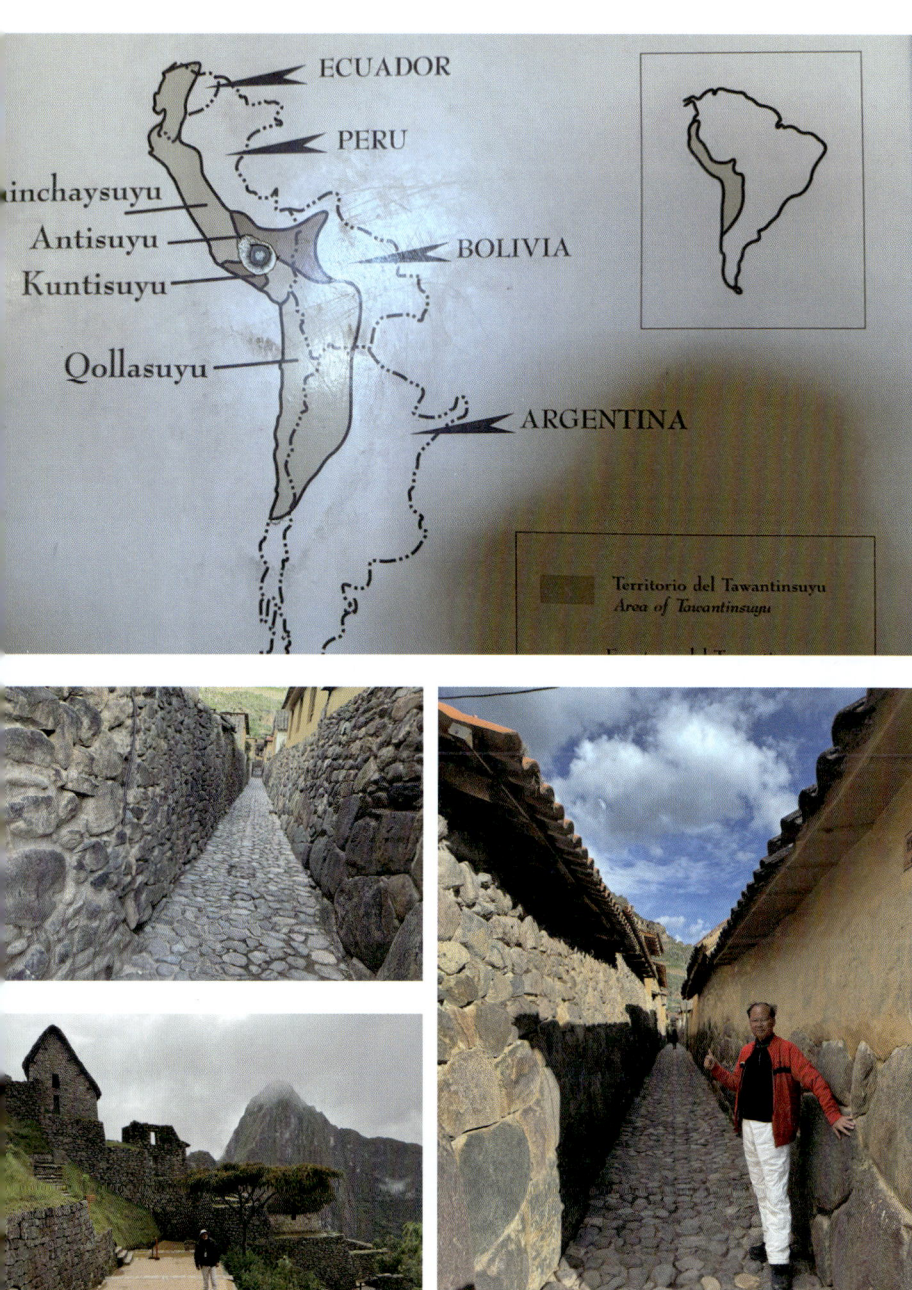

퓨마는
잉카 제국의
정치적인 힘을 상징했다.

신성한 장소들은
별자리와 관련되어
관리되고 신성시 되었다.

신성한
장소와 동물 등은
통치 수단으로 사용됐다.

1500년대
파차쿠테크 시대에
잉카제국 번영을 이뤘다.

이때
남북 5천km
잉카 대제국을 건설하고

장대한
태양 신전을 건립해
제국 전성기를 구가했다.

잉카인의
놀라운 석조기술

쿠스코의
가장 큰 매력은
놀랍도록 정교한 거석문화이다.

주택은
다듬지 않은 자연석을
벽돌 모양으로 깎은 돌로 지었고

공공건물은
돌을 잘 다듬고 잘라
모양이 잘 잡힌 마름돌로 지었다.

석조 건물들의
아름다움과 돌 쌓는 기술은
여행객을 놀래고 오싹하게 한다.

엄청난 큰 돌을
정확하게 짜맞춘 석조기술
기기묘묘한 그 모양에 감탄한다.

다각형의 돌들이
정확히 꼭 맞추어져 있어
칼날이나 바늘도 들어갈 수 없다.

석공들은
마치 반죽을 주무르듯
커다란 돌을 자유자재로 다뤘다.

골목과 도로, 저택
장인의 아름다움이 배인
석벽으로 이뤄진 집들이 그렇고

육중한 성벽
거대한 피라미드(와카)
궁궐, 주거지, 무덤들이 그렇다.

아르마스 광장
옛 왕궁터의 12각 돌이
그 석조기술의 백미로 남아있고

파카트나무에는
30여개 피라미드가 있고
길이 60m, 높이 12m도 있다.

페루 민요에 심취하다

쿠스코의
가게를 들여다보며
소소한 즐거움 맛 본다.

길가 가게들
색상이 화려한
수제품들이 가득하다.

모자 쓴
야마 인형도 사고
상징적 그림도 사고

무늬가
화려한 천을
직접 짜는 모습도 본다.

고풍스런 전통식당을
찾아들어
고픈 배도 채운다.

퀴노아 등
독특한 조리법이
미식가를 매료시킨다.

격조 있는
라파스 전통카페에서
안데스 커피도 마시고

리드미컬한 멜로디
에너지 넘치는
전통 민속공연도 본다.

그들의 정체성이 담긴
한 맺힌 슬픔
삶의 애환이 담긴 노래

음악과 의상의
강렬함
그들의 삶의 단면이다.

역사의 소용돌이 속
그들의
아픈 정서를 함께 한다.

콘도르의
자유와 슬픔
EL CONDOR PASA!

이방인 여행객
마음속 깊이
그 애잔함을 공유한다.

남미의 미식 '페루 음식'

남미의 미식 수도
페루의 요리
그 맛과 독창성이 놀랍다.

토착 재료에
세계 여러 나라
유명 요리를 융합해 내고

콜라보로
또 다른 맛을 내는
페루만의 음식을 만든다.

리마의 해변
매력적인 카페
혁신적인 음식점들

항상 북적이고
그야말로
색, 향, 맛의 심포니다.

페루의 상징적인 음식
새콤한 세비체
피스코 사워 칵테일

페루의
다양한 지형과 기후
재료의 풍부함을 주고

멋지고 맛있는
다양하고
독특한 요리를 만들고

세계 각국에서 온
지친 여행객
미각을 사로잡는다.

와인 곁들인 저녁식사
라틴 노래가
사막에 흐른다.

쿠스코에 남긴 여행 흔적

쿠스코의 중심
아르마스 광장에
한식당 '사랑채'가 있다.

페루를 간 사람은
필히 들리는
최고 유명한 곳이다.

음식도 맛있거니와
관광 요충지
정보교류의 장소여서다

20여년 전에
코이카 봉사로 왔다가
정착했다고 한다.

벽에 걸린
박노해 시인 글을 보고
우리 일행의 추천으로

아주머니가
시를 써 달라 해서
나의 졸작을 남겼다.

'쿠스코 사랑'이란 시
함께 여행 간
차용훈 원장이 썼다.

즉석에 쓴 졸작이나
사랑채 벽에 걸려
영원한 기념이 됐음 한다.

- 쿠스코 사랑 -

사라진 문명을
이토록 흥미롭고 생생하게
들려주는 옛 도시가 또 있을까.

옛것으로
꽉 찬 아르마스 광장
그저 아름답다 못해 울컥인다.

신전들을 부수고
정복자가 성당을 지었구나.
옛 모습 얼마나 아름다웠을까.

가늠할 수 없는
세월을 품은 골목이 그렇고
천년의 세월의 건물이 그렇다.

면도날조차
끼울 수 없을 만큼
정교하게 쌓아놓은 석조기술

신전터에
세워진 대성당
은 300톤을 부어 만든 제단

머물수록
옛 문명의 매력에
점점 매료되고 사로잡혀 간다.

묵혀진
세월의 문화 향기
묵직하고 깊은 역사가 그렇다.

제국은 망했지만
그들의 꽃 피웠던 문명
여전히 이 도시에 담겨져 있고

그 번영된 역사
"사랑채" 맥주 한잔 여유가
여행의 참맛을 느끼게 해 준다.

- 문병채 짓고
  차용훈 쓰다

잊지 못할 도시
'쿠스코'

역사의
도도한 강물 아래
생생히 남아 있는 문명

잉카제국 여행
고산증에도
따뜻한 시간이었고

더듬고 기억하는
그 일정이
특별하고 흥미로웠다.

세상의
어디에도 없는
이야기를 품었고

언어는
통하지 않지만
애써 도와주려는 이들

옥수수
냄새가 구수한
골목이 생각나는 곳

쿠스코를
재발견하고
사랑하게 되었다.

떠나는 날
아름답고 애잔함에
마음이 울컥한다.

어느덧
익숙해지고
정든 나라가 되었다.

말로 다 못 할
많은 이야기를 담고
쿠스코를 떠난다.

가슴 속이
뜨거워지고
따뜻한 눈물이 흐른다.

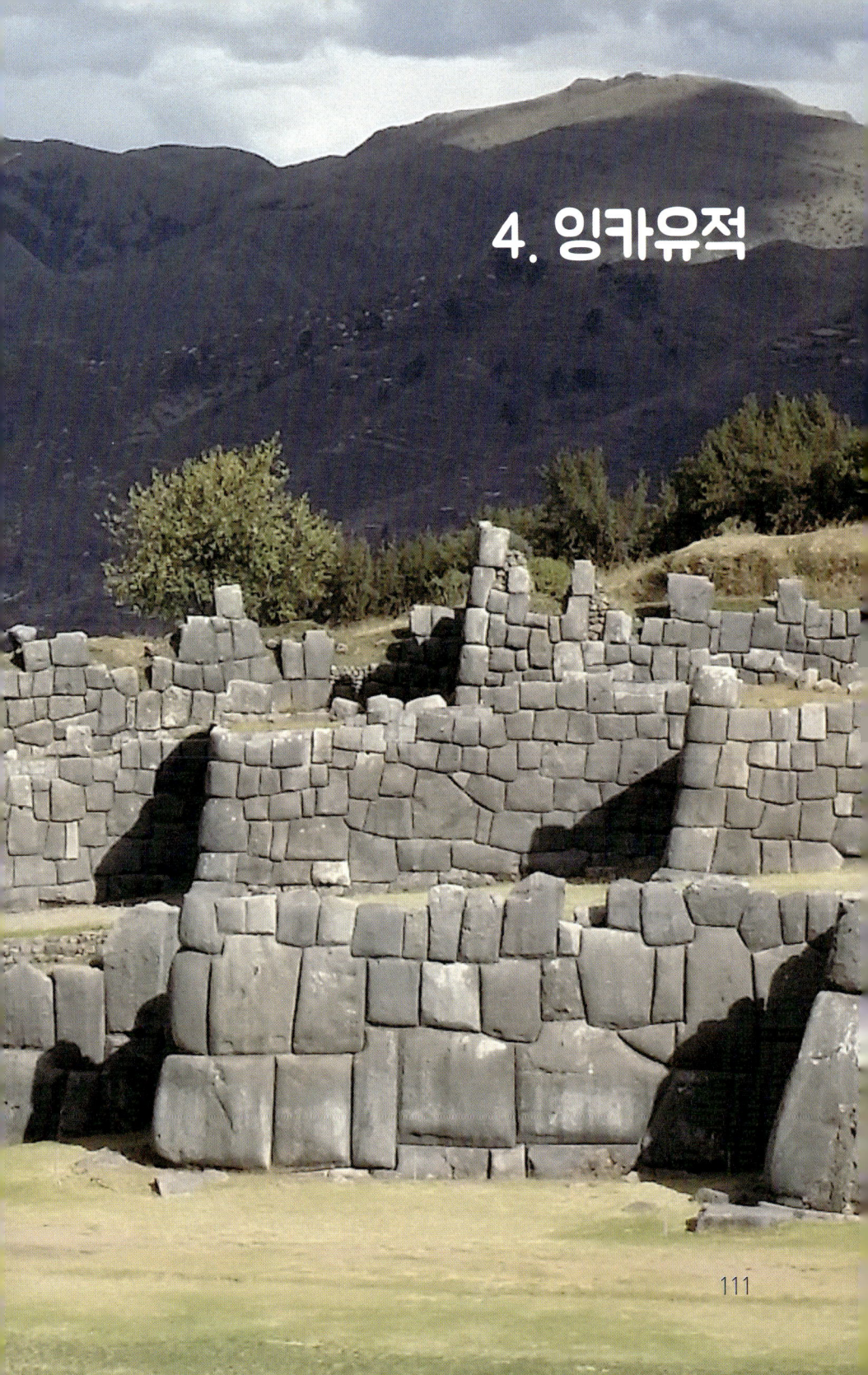

4. 잉카유적

마추픽추 가는 길

쿠스코의 아침
버스 ➝ 기차 ➝ 버스
마추픽추를 향하여 간다.

빗방울 떨어지는 절경 속
산자락 운해가
실비단처럼 드리우고

험하고 낯선 산길
구불구불
막힘없이 유연하게 달린다.

바람과 구름도
내려다보지 않고는
지나치지 못하는 고산지대

계곡 따라
안개 낀 철길 위를
기차가 느릿느릿 달린다.

숨 막히는 풍경
가는 길이 예쁘다고
왜 아무도 얘길 안 해줬을까.

변화무쌍한 아름다운 길
신성스러운 풍경
눈을 떼기가 어렵다.

구름이 끼여 신비로운
험준한 산
차창으로 보이고

안데스산맥
수려한 산악경관
그 장엄함을 체감하는 길

흰구름
허리에 걸치고
하늘을 가리는 고봉

협곡 따라
낡은 협궤 열차가
덜커덩 덜커덩 달린다.

원주민 삶
기웃거리며
2시간여를 달린다.

싱그러운 초목
깊은 협곡
험한 바위산과 암벽

눈 덮인 안데스 고봉
전통 돌담 마을
황홀하게 핀 야생화들

눈 덮인
고봉이 나오는가 하면
계곡이 나오고

개울이
보이는가 하면
옛 마을의 앞을 스친다.

그것도
그림같은 풍광으로
깊고 깊은 협곡을 달린다.

기차 안에
페루 음악이 나오고
연극이 행해진다.

안데스 산지
잉카인들 전설을
각색한 슬픈 연극이다.

싱싱한 초록
기름진 토양
풍부한 수량

수시로 변하는 경관
눈을 뗄 수가 없다
너무 아름답다.

깊은 계곡
밀림에서 퓨마가
금방 뛰어나올 것만 같다.

불가사의한 '마추픽추'

페루의
2,450m 고지에 있는
잉카제국의 경이로운 옛 도시

수 백년 동안
얼굴 내밀기를 거부했던
비밀의 공중도시 마추픽추

산꼭대기 평탄한 지형
총 8ha 면적에
반은 거주지 반은 경작지

경외감을 일으키는
고대 세계의
가장 상징적이고 신비한 곳

외진 위치와
극적인 환경으로
오랜 추측의 공간이 돼 왔다.

추적추적
이슬비가 내리고
쌀쌀한 기온을 보이는 날

역사와 중요성과
그 깊이를 느끼고자
잃어버린 도시를 찾았다.

1530년
천연두가 발생하여
그 후 버려진 곳이라는데

황실의
휴식처 겸 대피소
목적으로 지어졌을까

옛날에는
산 계단을 통해 올랐지만
지금은 셔틀버스가 다닌다.

안개 속에서
서서히 모습을 드러내는
모습이 참으로 신비롭다.

넋 놓고
한참을 바라본다.
감탄사가 절로 나온다.

모르타르 없이
조각한 거대 돌 블록
허물어지지 않은 건물

동지와 춘분의
천문학적 정밀한 정렬
그 설계가 놀랍고

산 위부터
물웅덩이가 안 생기는
정교한 수로가 놀랍다.

선진적인
건축과 농업기술
현대인에게 지혜를 준다.

면도칼도
들어가지 않을
정교한 석벽축조 기술

산바람을 이용한
자연 냉장고를 만들고
음식물을 넣어서

감자를
6년간이나
보관할 수 있었던 지혜.

날개를 펴고
콘도르(독수리)가
나는 모습의 태양신전

어떻게
거대한 자연석을
저리 정교하게 다뤘을까.

거대 암봉인
뒷산의 모습이
당시 황제 얼굴과 닮았다니

우연일까!
신의 선택일까!
역사가 남긴 아이러니다.

경이로운 건축
신비로운 매력을 지닌
숨 막힌 아름다운 이곳은

인간의
독창성에 대한
살아있는 증거고 영감이고

하늘 아래
어디서도 볼 수 없는
신비하고 '잃어버린 도시'다.

운 좋게,
안개 낀 모습
구름 속에 담긴 모습
맑게 갠 모습 등 다 보고 간다.

여행은
아는 만큼 보이고
보이는 만큼 감동은 크다는데.

오늘은
행운의 날인가 보다~~ 💖

안데스산맥의 염전

경사면에
벌집같은 풍경이
햇빛에 반짝이며 눈앞에 펼쳐진다.

성냥갑을
층층이 쌓아놓은 것 같은
파노라마가 산 계곡에 펼쳐져 있다.

상식을 깨고
주변의 녹색의 초원과는
전혀 상상할 수가 없는 풍경이다.

안데스 산지
해발 3,500m 고지에
소금 얻는 살리네라스 염전이다.

2억년전
지각운동으로
바닷물과 함께 지각이 융기하였고

안데스산맥
가운데 깊숙이 묻히면서
오랜 세월 소금 퇴적이 형성되었고,

이 소금 퇴적물이
계곡으로 흘러나오면서
산속 소금광산이 만들어진 것이다.

3,000m 고지에
흘러나온 바닷물을 받아
4,000여개의 염전을 조성해왔다.

이 염전은
와리문명 때(BC 500년경)
처음 시작되어 잉카 때 확장되었다.

산비탈에서
흘러나온 소금물이
수로를 통해 4천여개 밭으로 유입

매년 5~6월에
약 3,000여톤의 소금이
이 살리네라스 염전에서 생산된다.

이 염전은
채굴권을 대대로 물려받는
300가구 원주민에 의해 운영되며

분홍빛을 띠며
칼슘 등 미량 영양소와
천연 미네랄이 많이 들었다고 한다.

산비탈에서
흘러나온 소금물이
수로를 통해 물웅덩이로 유입되고

수로와
웅덩이 주변에는
소금 결정이 모여 흰색을 띠고 있다.

고인 바닷물이
소금이 되기까지 3주 걸리고
1개당 50kg 정도 생산된다고 한다.

산 위에서
내려다보이는 염전이
그림같이 아름다운 풍경을 이룬다.

붓으로
그린 듯한 신비로움에
넋 놓고 한참이나 시선을 빼앗긴다.

인근 상점에서
소금봉지, 소금 초콜릿을
기념품으로 팔고 있어서 구입했다.

인디언들의 전통생활

마추픽추서
돌아오는 길에
인디언 전통마을을 찾았다.

산에서 자라는
대나무의 일종인
가느다란 산죽을 엮은 지붕

차곡차곡
빈틈없이 쌓은
돌 벽돌 담벽과 가옥의 흙벽

탈골하여
벽에 모셔놓은
조상들의 해골 두상과 소품

방이나
부엌에서 키우는
쥐과에 속하는 '식용 쥐들'

모든 것이
일고 있있기에
그렇게 놀라진 않았으나

집안에
들어서는 순간
까맣게 그을림이 꽉 낀 벽

쾌쾌한
냄새가 확 풍겨
고개를 돌려야만 했었다.

눈썹과
수염을 몽땅 말고
낡고 허름한 옷을 걸치고

가장인 남자가
낡은 침대에 누워
세상 모르고서 자고 있고

부인은
마당의 평상 위에
수제품을 놓고 팔고 있고

애들은
아무 철없이
마당을 뛰어다니고 있다.

생김새는
우리와 비슷하나
모두가 색다르고 낯설다.

모라이 농업연구소

넓은
초원이 펼쳐진 곳
잉카제국의 농업 시험장

맨 위에서
내려다본 큰 원형
계단식 테라스 농경지.

규모가
깊이 80m에
너비 220m에 달한다.

원래 패인 곳에
만들었는지
인공적으로 만들었는지

땅이 푹 패인 곳에
동심원을 그리며
축대를 쌓아 만들었다.

이 지역의
토양뿐만 아니라
타 지역 토양도 섞였다.

테라스가
80m 높이인데
계단별 0.3℃ 차가 발생

땅 표면과
가장 깊은 곳
온도 차이는 15℃ 다.

위에서부터
점차 내려가면서
발아시켜 적응시켜가며

냉한종 품종을
오랜 시간에 걸쳐
점진적으로 개발해왔다.

이러한 개발을
500년 전부터 해왔다니
대단히 놀랍다.

지금까지 개발된 품종이
감자 300종
옥수수 4,000종이란다.

잉카인들의
농업기술과 지혜에
다시 한번 크게 놀란다.

난공불락의 성 '삭사이와만'

쿠스코
외곽의 언덕에 있는
잉카제국의 대표적 유적 중의 하나다.

석사이와만은
독수리의 왕이란 뜻으로
쿠스코시가 몸통이고 이곳이 머리다.

잉카인들은
독수리 머리 부분에
난공불락의 견고한 성곽을 지었었다.

잉카인
특유의 석조기술이 집약된
감탄사가 절로 나오는 완벽에 가깝다.

그 큰 돌을
어디서 어떻게 가져와서
어떻게 그 돌을 쌓았는지 미스터리다.

쌓은 돌이
타 지역 석조기술과 동일하나
그 크기가 압도적이어서 크게 놀랍다.

돌의 규모와
맞물려 있는 정교함
너무 놀라와 입을 다물지 못하게 한다.

이렇듯
강진에도 끄떡없던 것을
스페인이 가져다가 성당을 지었으며

그로 인해
파괴와 훼손이 심하고
현재 20%만이 남아 복원이 어렵다.

유럽인의
무자비한 침공과 파괴가
적나라하게 드러난 대표적인 사례다.

돌벽 곳곳에 새겨진
야나와 퓨마 등의 벽화가
당시의 화려했던 옛 문화를 말해준다.

1. 라파스

가난한 볼리비아 수도
'라파스'

붉은 도시
3,600m 고지에 라파스
시가지가 온통 붉은 건물이다.

1548년
스페인 사람들이 세운 도시
세계에서 가장 높은 수도이다.

초케야푸 강변
해발 3,250~4,100m
하늘과 닿을 만큼 고지에 있다.

시내 고도차가
1,000미터에 이르고
비탈져서 버스가 다닐 수 없다.

그래서
도시의 중간쯤에
오르내리는 케이블카가 있다.

길들이
구불구불하고
공원도 길 따라 만들어져 있다.

시가지의
가파른 경사길
숨이 턱턱 막히고 걷기 힘들다.

자연과
볼 것이 많아
장기 숙박의 여행객이 참 많다.

가난하고
물가가 너무 싸서
모두들 깜짝 놀라는 나라이고

빈민이 많은
남미의 최고 빈국
여행객이 조심해야 할 곳이다.

밤의 찬란한
불빛은 아름답지만
그 뒤 애환은 이루 표현할 수 없다.

숙소 가는 길
두꺼운 이불 뒤집어쓰고
노숙자가 즐비하게 자리한다.

과거에는
한국보다 잘 살았으나
지금은 최빈국이 되어 있다.

정치가 자질이
얼마나 중요한지를
보여주는 대표적인 국가다.

바다를 빼앗기고
위정자들 부패를 겪으며
한순간 가난한 나라가 되었다.

눈 덮인 설산
곳곳에 핀 꽃들이
가난한 자들을 애달프게 한다.

황량한
'달의 계곡'의 트레킹

희귀한
자연의 아름다움에
누구나 놀라움을 금치 못한다.

해발 2,400m
산악 고지대의 특성상
극도의 건조기후로 형성됐다.

독특한 자연
죽음의 계곡으로
풀 한 포기 없는 악질 사막이다.

살벌한 바람이
하늘을 찌를 듯이 많은
뾰쪽한 창 모양을 만들어놨다.

풍화작용으로
부드러운 곳은 깎이고
단단한 곳만 남아 이루어졌다.

빗물 침식이
만들어 낸 하나의
환상적인 지구의 예술품이다.

생물의
흔적도 없는
황량한 풍경이 달의 표면이다.

달의 계곡
하이라이트는 '빅듄'이다.
이곳은 달계곡 전체가 보인다.

저녁 석양
황량한 대지 위에
강렬한 붉은 빛이 쫘악 퍼지고

잠시나마
자연의 아름다움에
나의 몸과 영혼이 푹 빠져든다.

나의
인생에 있어서
잊지 못할 강한 추억을 쌓는다.

볼리비아의
극심한 빈부의 차

케이블카를
지그재그로 타고 다니며
라파스 시가지 경관을 조망한다.

가파른 산자락에
다닥다닥 붙은 달동네
지난 홍수에 무너져내린 흙더미

위태로운
절벽 위의 집들이
무너질 것 같아 소름이 확 돋는다.

21세기에
이 지구에서 태어나
버림받듯 한 도시 삶을 살다니

오기 전에는
미처 상상도 못했다.
이런 열악한 생활을 하리라곤

하늘로 향한
저 가파른 골목 계단을
어떻게 오르내리며 생활할까.

저렇게
넓은 시가지가
빈민가인 달동네라고 한다.

수백만의
인구가 사는 대도시가
이렇게 열악하게 살아가다니

과거의 영광된
번영의 시기만 생각하고
과거로 가는 시간에 멈춰있다.

애잔하고
안타까움 속에
비 오는 날 낯설은 밤을 보낸다.

뮤릴로 광장과
쇼핑의 즐거움

볼리비아 독립 영웅
뮤릴로의 동상이
우뚝 서 있는 뮤릴로 광장

바로크 양식
석조건물 성당의
건물과 탑이 장엄하고

금과 은으로
장식한 제단이
무척 화려하고 아름답다.

아름다운 설산이
도시를
신비스럽게 하고

곳곳에 핀
야생화 꽃들이
그 향기를 내뿜는다.

사람들은 순박하고
자연경관은 아름다우나
가난이 한계다.

인접 경사길로 이어진
공예품 거리
손재주를 뽐낸다.

값싸고
질 좋은 수공예품
관광객을 사로잡는다.

이곳저곳
이것저것 보는
그 재미가 솔솔하다.

영혼이 빠져나간다 하니
사진을
조심해서 찍는다.

Ramis
Taraco
Juliaca
Pusi
Moho
Co
Huata
Capachica
tuncolla
Amantani
Paucarcolla
Taquile
Umayo
La
Puno
Is
Plateria
Acora
Cutimbo
Ilave
Juli

2. 티티카카호

그림 같은
코파카바나 포구~~💕

칼바리오
언덕에서 바라본
그림 같은 풍경은 잊지 못한다.

새파란 호수에
하얀 배들이 떠 있고
꿈속과 같은 평화로움을 준다.

호수 수평선으로
붉은 해의 지는 모습
멍하니 보며 시간을 보낸다.

음악 들으며
커피 한 잔 들고서
풍경을 보니 마냥 행복하다.

진짜로
이런 자유로움이
넘 좋고 해외여행 찐맛이다.

호수변
포장마차에서
송어구이인 트루차를 판다.

많이 짜고
그냥 그저 그런 맛
한끼 때운다 생각으로 먹는다.

작은 마을
아기자기 하고
구경하는 재미가 솔솔하다.

잉카제국의 기원
'태양의 섬'

수평선이
끝없이 퍼져나가는
차갑고 깊은 푸른 물 세상이다.

바다와 하늘이
같은 색이고 경계선이 없다.
엄청나게 독특하고 경이롭다.

잉카의 황제,
태양 신이 태어났다는
티티카카호 안에 태양섬이 있다.

'인티'가
태양을 만들었다는
설화가 전해지는 신성한 곳이다.

섬에는
잉카인들의 성소와
잉카유적이 곳곳에 분포돼 있고

원시 모습을
그대로 간직한 듯
천연상태 그대로 보존되고 있다.

기후변화로
호수가 말려져 가고 있고
이제 물고기마저 잡히지 않는다.

섬에는
3개 부족이 사는데
이들 부족간 불화가 심한 편이다.

이들은
여전히 태양신을 섬기고
그 시대 삶을 재생하여 살고 있다.

섬 종주 하이킹
서양인들이 많이 선택하나
우린 시간과 체력상 생략을 하고

돌섬이라
볼 곳 없이 황량하지만
호수를 보며 걷는 재미를 느낀다.

해질녘
태양이 빛을 뿜어내
섬과 호수를 붉은빛에 물들인다.

서양빛이
'태양의 섬'을 증명하듯
저녁노을을 장엄하게 만들어낸다.

호수 위에 뜬
'우로스 섬'

전통배
섬 들어가는 길
인증샷으로 남기고

물 위에
갈대를 엮어
섬을 만들어서 산다.

살아가는
그들의 생활방식
하나하나가 잼있다.

물고기와
가축을 길러서
가족생계를 꾸민다.

수공예품
무늬와 색감이
화려하고 돋보인다.

한바탕
원주민들 공연
함께 어울려 춤춘다.

인공의
떠다니는 섬
독특한 관광지이나

그 지역
사람들 생활상이
조금은 상업적이다.

3. 우유니

우유니 소금사막에 가다

고산병
생각보다 심하다.
머리가 아프고 매스껍다.

말은
통하지 않고
인터넷은 완전 먹통이고

풀 한 포기 없는
붉은색 광야뿐이다.
이제 인내심이 시작된다.

가는 길
어느 작은 마을
집마다 큰 나무가 있다.

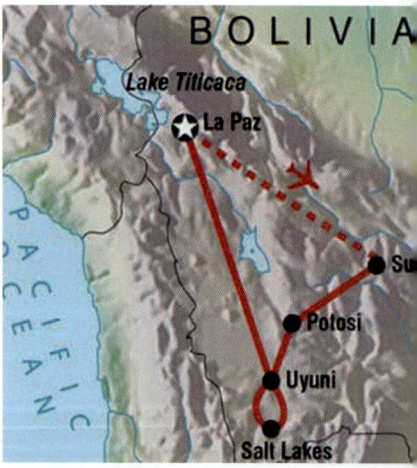

마을에
주민이 안 보이고
구경해 볼 것들이 없다.

뭘 해서
먹고들 살까.
몇 마리의 양이 보인다.

극한 건조로
암벽 바위 갈라지는
소리가 이따금 들린다.

하나님은
이런 척박한 땅에
인간이 살게 하고 있다.

사람들은
자식을 낳고
그 삶을 이어가고 있다.

사막의
도시가 그러하듯
가로수 한 그루가 없다.

특히
건기여서
들판 초지마저 노랗다.

소금사막 입구 '콜차니 마을'

콜차니는
소금사막으로
들어가는 입구이다.

소금사막
투어를 위해
필요한 걸 준비한다.

소금으로
지어진 가게들이
길 따라 늘어서 있고

가게에는
소금으로 만든
제품들을 팔고 있다.

암염의
가공공정도
잘 설명되어 있고

소금의
형태나 색깔이
정말 다양도 하다.

개성있고
손재주 좋은
기념품들이 많다.

본격적
투어를 앞두고
모자를 구입하고

예약된
짚차를 타고
사막으로 향한다.

번영과 비극의
'기차무덤'

길목에
기차의 무덤
숨겨진 볼거리 중 하나

녹슨 철마가
번영과 비극 담고
포토존으로 자리잡고

소금과
별 속에 숨겨진
남미 여행 문화재다.

원래
티타늄 광물을
생산 운반했었는데

폐쇄되자
사막에 있는
숨겨진 보물이다.

사막에
검은색이어서
사진이 잘 받는다.

숨겨진
볼거리이고
낭만적 분위기다.

세월의
흔적이 묻어
녹슬은 채 서 있다.

어디서 건
찍으면 모두가
작품사진이 된다.

주변에
전세계 리튬의
절반이 매장됐다.

경이로운 '소금사막'

볼리비아를
상징하는 대표적인 곳
소금이 결정화되어 사막처럼 보인다.

한낮 30도
밤엔 영하 20도
일교차마저도 비현실적인 지역이다.

소금
그 표피층에 있는
고인물에 반사되어 환상처럼 보인다.

소금양어
볼리비아 전 국민이
수천년 이상 사용할 수 있다고 한다.

오랜 세월
빗물에 계속 씻겨와
순도 또한 높아 바로 사용할 수 있고

불순물이 적어
암염, 천일염보다 짜나
잡맛이 없어 조리에 쓰기에 좋단다.

3,656m
고지에 위치해 있고
총 10,582㎢로 경남과 비슷하고

소금양은
최소 100억 톤이고
두께는 최대 120m까지 다양하다.

6500만년 전
바다가 지각운동으로 솟아
바닷물이 증발하면서 형성되었다.

우기에
고인 물에 하늘이 비쳐
'세상에서 가장 큰 거울'이 된다.

사막이라
구름 한 점 없이 맑아
서늘하나 햇빛이 몹시 따가웁다.

볼리비아
관광의 핵심은
단연코 우유니라고들 언급한다.

우기 때
아름답고 신비로운
자연이 만드는 스튜디오가 되고

건기 때는
거북이 등껍질처럼
갈라지는 사막의 모습을 보인다.

건기와
우기를 반복하면서
소금층이 생기고 더 단단해진다.

심지어
별을 보기 위해
날짜를 맞춰서 오는 사람도 많다.

환상적인 드라이브

정말
신비로운 땅
우유니의 소금사막!

사막이
하늘이고
내가 하늘 속을 걷는다.

빗물이 차면
세상에서 가장 큰
거울이 되어서 비춘다.

바람이
만든 예쁜 문양들
내리는 빗물이 지우고

다시금
뜨거운 햇살이
더 좋은 문양 만든다.

빗물이
소금층에 스며
스폰지처럼 푹석이고

많은
물이 고인 곳은
호수가 되어 비친다.

신선이
아니고서야
어찌 이 넓은 화폭에

투명하고
맑은 하얀색을
이리 칠할 수 있으리.

저 멀리
아침 아지랑이가
뭉게구름 되어 피어나

시시때때로
소금밭이 되고
사막 되고 호수 된다.

달려도
끝없는 황홀함
잉카 신의 나라이다.

그렇지
않고서야 어찌
이리 곱고 황홀하리.

별빛 & 선셋투어

새벽 3시
별빛 투어를 위해
사막 어둠을 뚫고 차에 탄다.

안내자는
가이드 겸 기사로
여러 가지 촬영소품도 챙긴다.

밤이 되니
하늘이 숨이 막힐 듯한
수백만개의 별들로 채워진다.

손에 닿을 듯
별자리와 은하계가
남반구 밤하늘 비밀을 밝힌다.

레드 와인
한잔 마시면서
자연의 경이로움에 취해본다.

하늘의
수많은 별들이
모두 호수 속에 잠겨 있는 듯

하늘과 땅이
하나의 일체를 이루는
초현실적 풍경을 연출한다.

물 고인 정도와
구름 양에 따라 풍경이
천차만별로 달라지고 있다.

별이 가득한
남반구 하늘을 보며
별자리 찾는 시간 보낸다.

십자성
오리온자리
전갈자리, 은하수가 떴다.

우주와 내가
대화를 나누고 있고
더욱 가까워지는 듯 하다.

우유니의 비경

세상에
정말 이쁘고
이렇게 맑을 수 있을까.

꿈속에서나
볼 수 있을법한
환상적인 풍경을 본다.

마치
하늘과 땅이
하나가 된 듯 진귀하다.

빗물이
호수를 만들어
하늘 구름이 반사되어

햇살에
거울처럼
황홀하게 연출을 한다.

강렬한 햇살
푸른 하늘, 구름
거울처럼 반짝거린다.

꿈같은
천상의 광경이고
초현실적인 풍경이다.

백색의
바다 위를
차가 달리는 기분이다.

차량의
바퀴 자국이
희미하게 선을 그린다.

잊지 못할 인생-샷

동녘이 물들자
새들도
사막을 날아다닌다.

준비해 온
갖가지 촬영 소품들
사막 위에 펼치고

수시로 달라지는
빛의 연출
나의 모습 담는다.

자세, 표정
가이드 감독하에
연기를 한다.

갖가지 소품 들고
온갖 폼
다잡아 가며

원근법,
투시법, 입체법
촬영기법 다 동원

빛의 방향 따라
갖가지 자세로
인생 샷을 날린다.

음영, 빛의 색감
자세와 표정
하나하나 지도 속에

평범함을 넘어선
감독의 수준
그 속에 예술이 있다.

지프차 가사가 아닌
모두가
사진 예술가이다.

모두들
특별한 사진들 들고
배꼽 빠지게 웃는다.

떠들며 웃고
즐기는 가운데
남미여행은 깊어간다.

볼리비아 가수와 추억

모루노 테란
볼리비아 가수가
뮤직비디오 촬영한다.

고요한 소금사막
동트는 새벽
모두 잠에서 깨어나고

동녘 하늘이
붉은빛으로 물들고
새들도 잠에서 깰 시각

처량하면서도
감미로운
라틴 팝송과 함께

미모의
글래머 여가수가
흰 사막을 감고 돈다.

유연하고
멋진 동작 하나하나
눈길을 사로잡고

모두가
숨죽이고 쳐다본다.
아, 아름답다.

떠오르는 태양처럼
최고 인기로
세계에 퍼지길 바란다.

와인파티를 열다

기획되지 않은
사막 파티가
즉석에서 이뤄진다.

가이드가
깜짝 이벤트로
몰래 준비해 왔다.

와인이 곁들여진
바베큐에
음악이 흐른다.

남미의
이색 악기가
동원되고 연주된다.

야마 뿔
발톱을 엮는 것
소금으로 만든 악기

모두가
나름 음색을 내는
이색 악기들

특이하고 독특한
별난 악기
소리가 특색 있다.

분위기가 무르익고
와인에 취하고
사막 풍광에 취한다.

우리 맴버와 콜라보
감미로운 노래
여행이 익어간다.

선인장 가득한
'어부의 섬'

사막 한가운데
선인장으로 가득 찬
인카후아시섬이 위치한다.

섬에는
믿을 수 없는
선인장 숲이 자라고 있다.

소금사막
한가운데 있는 섬
앙상한 메마른 바위산이다.

거대하고
앙상한 선인장이
틈 사이사이로 자라고 있다.

5,000여 그루
독특하고 커다란 선인장
1년에 10cm씩 자라고 있다.

선인장
사이를 걷는 동안,
마치 외계에 와있는 느낌이다.

산꼭대기까지
올라가 사면에 펼쳐진
환상의 소금 바다를 조망한다.

산책으로
이 그림 같은 곳을
발길로 더럽히지나 않았을까.

지구의 보석
어떤 말과 글로서도
표현할 수 없는 독특한 경관

3,660m
다양한 색깔의
경이로운 특이한 사막이다.

원주민 마을

가파른 경사
무지개색
하늘 높이 치솟은 산

기이한
화산석이 널려 있는
초자연적인 풍광

원시적이고
길들여지지 않은
자연의 아름다움이다.

그 경이로운
화산 아래
문명을 등진 옛마을

1주일에 1회 운항하는
우유니행 버스가
유일한 외부와 연결

고립되고
척박한 곳에도
사람이 살고 있다.

괴암으로 둘러싸여
온통 형이상학적인
기이한 촌이다

마을의 고요한 풍경
감각을 일깨우고
그 이상을 보여준다.

수호신 상
화산 모양 형상
신앙으로 숭배되고

하얀 사막에
투영되고 반사된다.
잉카 신이 사는 땅

플라밍고,
야마와 알파카가
시각적 향연을 준다.

칠레의
망명시인 네루다의
시를 암송하며 걷는다.

우유니를 떠나며

저 많은
별 중의 하나
수많은 사람 중의 한 사람

여행으로
맺어진 인연은
낯선 곳이라도 소중하다.

잠시 스치는
낯선 사막의 바람 속에
가슴을 열고

저물어가는 해에
미치도록
내 여백을 채워본다.

은은한
소금사막의 안개 속에
번져오는 그리움

가슴 깊이
물들어 가는 추억
그곳에 내가 서 있다.

바람에
두고 온 내 흔적
언젠가 그리움이 되리.

머물렀던 시간
마음의 치유를 받았고
내 빈 가슴을 채웠다.

진한 흔적
벌써 내 마음에 그 향기
꽃물처럼 번져온다.

눈부시게 희고 파란
우유니 사막이
석양에 물들기 시작한다.

칠레

1. 산티아고

하늘에서 본
'아타카마 사막'

만년설
하얗게 이고 있는
안데스산맥의 고봉들

그 밑으로
풀 한 포기 없는
메마른 황무지 사막

아!
아타카마
쓸쓸하고 고요한 땅

강은
보이지 않고
풀 한 포기가 없구나.

고산에 쌓인 눈
융설수
다 어디로 흘러가고

계곡진 곳에
그 흘렀던 흔적만이
전설되어 남았네.

삭막한
험한 산과 들녘
저토록 메마를까.

경이롭고
너무나 신기하고
오묘하기까지 하다.

신선이 사는 듯
설산과 구름이
어우러진 안데스 산

산봉우리 사이로
호수가 보이고
까만 암석이 보이고

완만한
산자락 따라
사막이 펼쳐져 있다.

몇 시간을
날아도
계속 같은 모습이다.

눈이 부시도록
황토 사막
그 색감이 황홀하다.

팔 뻗어
아이스크림처럼
한 움큼 먹고 싶다.

'산티아고' 그 화려함

높은 물가
잘 정비된 거리
하늘을 찌를 듯한 마천루

발달한
농업과 어업
풍부한 광물자원이 있다.

남미에서
칠레가 가진
경제적 위상을 실감한다.

남미에서
돋보인 선진국
스카이라인이 더 다르다.

안데스
고봉들 위로
흰 만년설이 뒤덮여 있고

그 절경을
병풍 삼은 분지에
산티아고가 자리해 있다.

1541년
마포초 강변에
스페인이 건설한 도시다.

상징적인
엠빠나다와 아사도,
세계적 수준의 칠레 와인

산티아고
음식과 요리는
내 입맛에 완전 딱 이었다.

미술관, 극장,
진기한 카페가 즐비한
바리오 라스타리아 거리

도심의
광대한 녹지와 숲
메트로폴리탄 휴양공원

토착 문화를
감상할 수 있는
아르테 프레콜롬비노

산티아고와
안데스산맥의
전경을 볼 수 있는 언덕

포도밭과
그림 같은 풍경
아름다운 마이포 계곡

대성당과
대통령궁이 있는
팔라시오 데 라 모네다

보헤미안적
분위기로 유명한
라스타리아의 인근 지역

미술관과
역사적인 사적지
산타 루치아의 언덕배기

역사에 젖은
산티아고의 보물들
결코 마음에 지울 수 없다.

활기차고
정열적인 칠레 사람들
아직 그들이 눈에 선하다.

산티아고에서의 휴식

눈길이
닿는 곳마다
여름의 절정에 무척 싱그롭다.

와이너리에서
와인을 맛본다.
와인이 확실히 바디감이 깊다.

올리브 빛이
그윽한 멋을 연출하는
공원 산책하는 시간도 좋았다.

샹제리제 거리
개선문과 에펠탑 야경이
자존심과 아우라를 내뿜는다.

노천카페에서
수다스런 대화가
운치있고 멋진 삶의 순간이고

고급 카페에서
비싼 커피값 지불하고
상류틈에 끼는 시간도 좋았다.

대장금에서
오랜만에 먹은
구수한 김치찌개 맛도 좋았다.

눈과 귀와
마음에 담은 것들이
나를 행복감에 빠지게들 한다.

내일부터
본격적으로
볼리비아와 페루의 고산도시

잉카 문명을
더듬어보기 위한
체력보강을 위해 휴식 취한다.

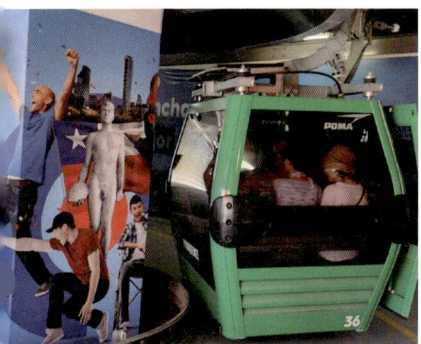

2. 파타고니아

파타고니아 관문
'나탈레스'

나탈레스는
파타고니아 가기 위한
길목이자 베이스캠프이다.

파타고니아는
세계의 최고 인기 있는
트레킹 지역 중의 하나이고

페레또 모레노
토레스 델 파이네 등
빙하, 호수, 설산이 경이롭다.

시내는
그리 크지 않아
차 없이 걸어서 다닐만하다.

바람은
많이 부는데
다행히 맑고 그리 춥지 않다.

운치 있는
해안 데크를 따라
바닷새들 한가로이 노닐고

바다 넘어
멀리 바라보이는
설산의 경치도 환상적이다.

오랜만에
혼자 마을 산책하며
한가로이 여유시간을 갖는다.

외국 관광객과
서로 사진도 찍어주며
잠시 어울리는 시간도 좋다.

여행 중 처음
가루 커피가 아닌
기계로 내린 커피를 마신다.

파타고니아
트레킹 허브여서
여행객들로 무척 북적인다.

거리의
상점 전체가
쭈욱 여행 관련 업종들이다.

도시가
어업이 아니고
관광업이 주된 산업이었다.

항공에서 본 '파타고니아'

항공에서
내려다보이는 산야가
을씨년스런 메마른 황무지이다

언제부턴가 내게
신비로운 곳으로 다가왔고
가는 생각만 해도 맘이 설렜다.

셰익스피어가
'템페스트'를 쓸 때
영감을 얻었던 곳이었고

'걸리버 여행기'의
거인국 배경이 된 곳이니
많은 사람의 드림랜드였었다.

파타고니아는
한국의 5배가 넓고
지역별 풍경과 기후가 다르다.

평원의
끝이 보이지 않는다.
가도 가도 끝없는 대초원이다.

어쩌다 보이는
가옥이 오히려 신기하다.
풀을 뜯는 소와 양들이 보인다.

우리 차가
초원의 바람을 가르며
60마일 속도를 내며 달린다.

깨끗하고
맑고 상쾌한 공기
가슴이 터지도록 깊게 마신다.

푸른 초원
에머랄드 빛의 호수
줄지어 선 안데스산맥의 설산

아, 상쾌하다.
아름다운 경이로운 땅
나를 품는 파타고니아여 반갑다.

꿈에 그리던
토레스 델 파이네

나에게
파타고니아는
꼭 가보고 싶은 곳 중 하나다.

초등
5학년 때
선생님이 커서 꼭 가볼 곳으로

첫째 훈자
두번째 코카서스
세번째 파타고니아를 말했고

그 후 나는
크고 자라오면서
이 세 곳은 버킷리스트가 됐다.

지금껏
코카서스 하나 갔으나
이번에 두 번째를 실현했다.

이제는
훈자 지역만 남았다.
훈자는 언제쯤 갈 수 있을까!

낯선 곳에서
우연한 인연

눈이 부시게
하늘이 푸르른 날은
그리운 사람을 만나는 날이라는데

보기 드물게
토레스 델 파이네 국립공원이
구름 없는 하늘에 아침 햇살이 곱다.

어쩌다
한점 한점 떠 있는 흰구름
하얀 빙산처럼 하늘 속의 설산이다.

석회동굴도
용암동굴도 아닌 동굴이
안데스산맥 깊숙한 곳에 자리한다.

지질시대에
대륙이동의 조륙운동으로
해식 동굴이 융기한 '밀로돈 동굴'

주위에 분포한
해저 퇴적암과 더불어
지질적 가치가 큰 희귀한 지형이다.

우연찮게
이를 답사하러 온
칠레대학의 지리과 학생들을 만났다.

한국에 대한
교수와 학생들의 관심이 커
반갑게 달려들어 궁금증을 물어와서

의미있는
시간을 보냈다.
한국 문화와 k-팝에 관심들이 많고

많은 수가
한국 유학과 여행
친구 사귀는 것에 관심이 아주 많다.

함께 어울려
얘기 나누고 기념촬영 후
서로 아쉬워하며 주소를 주고받았다.

돌아가면
전남대 지리과에 소개하여
상호 친선교류할 수 있도록 해야겠다.

오늘 아침의
내 예지력이
맞아 떨어진 것일까…!?

푼타 아레나스

마그달레나 섬
지구상 최대 펭귄 서식지
잊을 수 없는 곳

펭귄 서식지
마그달레나 섬
펭귄의 서식지 탐험

바다사자와 물개
다양한 조류
가끔 고래도 보인다.

지구상에서
가장 남쪽에 위치한
케이프 프라우드

지구상 가장 외딴 곳
자연 그대로의
모습을 간직하고 있다.

가파른 산으로 둘러싸인
마젤란 해협을
크루즈로 구경한다.

타른 산
사르미엔토 산
참 인상적인 봉우리다.

산, 빙하, 숲
독특한 풍경을 목격한
놀라운 모험이다.

하루 종일
대자연의 웅장한 모습
온전히 느낀다.

경이로운 자연

매년 여름엔
6만쌍 이상 펭귄 부부가
번식을 위해 찾는단다.

인근 환경센터에
해협의 역사와 생태
정보가 잘 비치되어 있다.

도중에 만나는 고래가
배 옆에서
함께 헤엄치며 따른다.

아르헨티나

1. 파타고니아

파타고니아 Ruta40

환상의
드라이브 길
아르헨티나 Ruta40

파타고니아에 펼쳐진
스텝초원

땅은 척박하나
풀과 야생화가
끝없이 펼쳐지고 있다.

칠레에서
안데스를 넘어온
건조한 바람 때문이다.

칼라파테
그 중심 도시이자
파타고니아 관문이다.

Ruta40은
이 초원을 관통해
가장 잘 느낄 수 있다.

이 도로는
5천Km가 넘는
세계 최장의 도로이다.

눈 덮인
안데스산맥
푸른 초원의 넓은 광야

양편에 끼고
바람을 가르며
자유를 만끽하며 달린다.

빙하물이
흐르는 녹색의 개울
발 담그면 온몸이 시리고

넓은 땅은
사람의 흔적을
어디건 도무지 볼 수 없다.

보이는 건
소, 양, 말을 키우는
방목용의 울타리뿐이다.

은둔의 땅
낯선 길 위에서의
만남과 영감은 너무 크다.

경이로운 '모레노 빙하'

지질학상
세계 빙하의 대명사
칼레파테 모레노 빙하를 본다.

빙하에
가까이 다가가자
장대한 빙벽이 앞에 우뚝 있다.

웅장한 빙벽이
푸른 기운을 가득 품고
뾰족 탑처럼 하늘 찌를 듯하다.

한순간
천둥소리가 울리더니
빙벽 일부가 강으로 내려 앉는다.

크고 장대한
바위같은 빙하가
쫙 벌어지고 모두 탄성을 지른다.

대지를 흔드는
내려앉은 소리와 함께
엄숙한 장대한 광경이 압도한다.

짜~악
우르르 쏴악 쾅쾅
천둥소리 내며 빙하가 떨어진다.

빙벽으로부터
우리 선박쪽으로
차가운 바람이 세차게 불어온다.

이 신기하고
황홀한 광경과 함께
빙산이 뿜어낸 신선한 기운이다.

심호흡으로
그 신선한 바람을
저 깊은 가슴 속까지 들여 마신다.

너무나 짧은
순간의 시간이어서
촬영하지 못한 것이 내내 아쉽다.

멀어져가는 빙하
영원히 간직하고 싶다.
돌아서며 아쉬운 마음으로 본다.

빙하 따라 트레킹을 하다

사람들이
파타고니아 트레킹에
그렇게 열광하는지 알 것 같다.

걷는 내내
풍광이 수시로 바뀌고
공기가 매우 청량하여 보약이다.

안데스가
길게 펼쳐진 설산
계곡에 흐르는 청록빛의 빙하

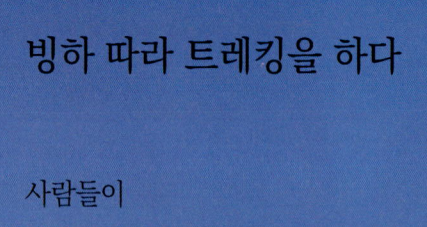

우거진
숲을 지나고
완만한 코스를 따라 산책한다.

호수가
에메랄드빛으로 빛나고
층층이 색깔 다른 산을 담는다.

그 호수에
발을 담가 본다.
찬기가 몸에 전율처럼 느끼고

외롭게
높이 우뚝 서 있는
안데스 설산들 눈에 들어오고

가파른 길
큰 바위, 울창한 숲
아름답고 변화무쌍한 경치다.

묘사하는 것이
내 표현력으론 모자라
그냥 서서 바라만 볼 뿐이다.

경이로운
대자연을 탐미한다.
지루하거나 힘든 줄 모르겠다.

저녁노을
석양에 고산 암봉
황금빛이 반사되 장관이다.

지금 내가
함께 하고 있다는 것에
감사하고 더없이 행복하다.

'억년의 빙하' 그 맛

경이로운
'토레스 델 파이네'
그 억년의 세월을 찾아서

지금도
흘러내리고 있는
'모래노 빙하'를 보러 간다.

하얀색 배가
쪽빛 호수를 가르며
유유히 설산을 향해 간다.

하얀 구름 떠 있는
새파란 하늘
먼지 하나 없이 쾌청하다.

호수 위를 떠다니는
빙하 조각들
빛에 반짝인 사파이어다.

아름다운 자태의 빙산
말과 글로
어떻게 표현한단 말인가.

몬시노
센트랄, 아고스티니 등
아름다운 설산

확 트인 전망
화려한 꽃 야생화
거센 풍상 겪은 고사목

빙하가 녹아 만든
비취색 호수
시원스럽게 펼쳐진 안데스

수천년 간
흙은 깎여 나가고
바위만 남아 독특한 암봉

땅에 기는 작은 풀들
이 척박한 땅에
앙증스런 꽃을 피워내고

하얀 구릉을 타고
라마 무리가
떼 지어 풀 뜯고 있다.

차츰차츰
가까워져 가는
억년 세월을 흐른 빙하

보석빛을 내고
배 앞을 우뚝 막아선다.
어쩌면 이리 고우리

기하학적 모양이
신비스럽고
희디흰 색이 빛을 낸다.

수천 년에 걸쳐
조금씩 조금씩
앞으로 밀려나고 있다.

숨을 멈추게 하고
말을 잃게 하고
신비한 색깔에 빠져든다.

이 장엄하고 아름답고
순수함에
어찌 감동하지 않으리.

이 경이로운 곳에
내가 와 있다는
것 자체가 실감나지 않다.

너무나 신비로운
파타고니아의
숨겨진 비밀의 보석이다.

배 안에서
떼어낸 빙하 조각 넣은
와인과 맥주를 마신다.

배 속이
얼 것 같은
그 맛을 어찌 잊으리…!

국립공원에서 하룻밤 추억

유난히 빛나는
샛별 하나가 눈을 끈다.
십자성이 영롱한 빛 발한다.

우뚝 솟은 설산이
파란 호수에 비추어서
그려 놓은 그림이 신비롭다.

만년설이 녹아
곳곳에 만들어놓은 호수
설산과 어울려서 그림이다.

웅장한 산과
만년설의 어울림이
구름에 사라졌다가 보이고

처음 본
새들과 짐승들이
누비고 다녀 더욱 아름답다.

탁 트인 뷰
눈 덮인 설산이 둘러싼
페레토모레노 공원 심장부

호수를
붉게 물들이는 노을
깊은 하늘을 가득 수놓는 별

서 있는 채
그대로 굳어서
화석이 돼버린 고사목 아래

푸른 초원을 깔고
무늬결 드러난 통나무로
우리 방갈로가 지어져 있고

세상에서
한 곳에서 가장 많은
설산을 볼 수 있는 명소란다.

하룻밤
100만원 넘게 주고
어렵게 예약한 비싼 숙소다.

황홀한 일몰
별빛 쏟아지는 밤
분위기 가슴에 가득 담는다.

자연은 위대하다.
창밖으로 내다보이는
유연한 하천 흐름이 예술이다.

해질녘에
깊은 추억으로 남을
조촐한 와인 파티를 즐긴다.

파타고니아여 안녕!

삶의
모퉁이서
여행에서 우연히 만나

따뜻한
인연을 맺은
아름다운 우정의 사랑

이토록
애틋한 그리움이
될 줄은 미처 몰랐다.

남미 여행
그 힘든 만큼
영혼의 치유도 컸었고

대륙의
포근한 위안으로
지친 삶에 생기도 얻고

나름
기억될 추억 쌓고
행복한 시간을 보냈다.

아늑하고
편안한 여행인
꿈속과 같은 여정이다.

그들과
늘 함께 할 수 없어
마음으로 바라다본다.

여행은
평범한 일들도
새롭게 느끼게 되지만

처음엔
낯설게 느껴져도
알고 보면 다르지 않다.

원주민들
생김새나 복장이
낯설고 촌스러웠지만

나중에는
내가 그들인 것처럼
사랑스럽고 친근했다.

2. 우수아이아

남미 끝
'우수아이아'

남미 끝
남한 1/2 면적에
24만명이 살고 있는 푸에고

추운 섬에서
옷도 입지 않고
불을 피워서 살았던 원주민

최후의
순혈 야간족 칼데론이
2022년 마지막 사라지고

이제는
문명 이기를 사용하는
약탈자 백인 차지가 된 섬

남극 가는
배가 뜨는 항구라
항상 관광객들로 가득하다.

인근 해역에
성게, 홍합, 연어 등
해산물이 많고 싸고 맛있다.

남극 출발점
대게잡이의 기착지
항상 사람들로 북적거린다.

볼거리 많은
남아메리카의 보석
바다는 거칠지만 매력 있다.

저녁에
와인파티를 열었으나
피곤한 탓에 금방 잠들었다.

우뚝 솟은
설산에 빙 둘러싸인
풍광이 아름다운 도시이다.

날씨가
스산하고 우중충하고
바닷바람이 몹시 몰아친다.

전통 가구로 꾸며진
카페에서
한 잔의 커피로 피로를 푼다.

우수아이아 바다

남미대륙
최남단에 위치하여
'세상의 끝'이라 부르는 곳.

불어오는
바람이 차가워
남극이 가깝다는 걸 느낀다.

거센 풍랑
높은 파도로 인해
범선들 공동묘지였던 악명.

평균 파고가
거의 10미터가 넘는
지구상에서 가장 거친 바다.

최근엔
어업이 성하고
관광객들이 넘치고 있으나

거친 바다
물새, 물개 떼
그리 인상적이지도 않았고

격한 바다
구경이고 뭐고 간에
따뜻한 호텔로 가고만 싶다.

은근히
돈만 많이 드는
볼품없는 남미끝 관광지다.

다윈이 답사한 비글해협

바다사자,
펭귄, 가마우지 등
온갖 바닷속 동물이 서식하는

사람의
손길이 닿지 않은
아름다운 자연을 간직하고 있다.

다윈의 탐사선
비글호가 발견하고
배 이름을 따 비글해협이라 했다.

안전하고
온갖 먹이가 풍부한
바다 동물들의 조용한 안식처다.

선창가의
돌 던지면 닿을 거리에
한가로이 노니는 고래가 보이고

둥글게 둘러싼
험준한 눈 덮인 암봉들
빙하를 배경으로 펼쳐져 있다.

진화론의
이론적 근원을 제공한
생태학적으로 의미있는 곳이다.

세계 최남단 국립공원

아르헨티나
남미 끝 국립공원
티에라 델 푸에고가 있다.

원주민은
유럽인에 멸종되어
더 이상 살고 있지 않다.

침엽수와
눈 덮인 바위산의
인상적인 풍경이 압도한다.

지구상에서
독특한 경관을 가진
최고 매혹적인 관광지이다.

유람선도
증기 기관차도
궂은 날씨에 멈추어 서 있다.

추운 날씨에
바람조차 강하고
손발이 시리고 이가 떨리나

건강하게
자연이 살아 숨 쉬는
경이로운 풍광에 매료되어

한참이나
대자연에 취하여
멍하니 떠날 줄을 모른다.

빙하가 만든
독특한 경관을 지닌
특이하고 예쁜 공원이다.

추위에
몸은 덜덜 떨리지만
봐도 봐도 싫증 나지 않다.

풍광 위로
눈과 비와 햇빛이
변덕스럽게 자주 바뀐다.

남극의
우체국이 있고
여행객들 엽서를 보낸다.

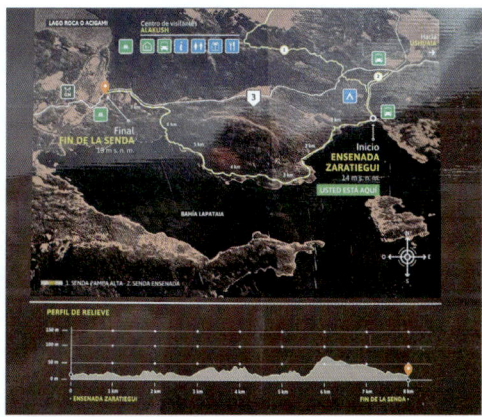

바다동물의 사파리 투어

바위섬을
펭귄과 나누어서
공유하고 있는 바다 사자.

해안에
웅성거리면서
제각각 편하게 놀고 있다.

바위 위를
파닥파닥 다니는
모습에 모두 신기해 하나

냄새가 심해
접근조차 어렵고
도저히 섬에 내릴 수 없다.

유람선이
등대를 지난다.
유명한 세상 끝 등대이다.

놓칠세라
카메라를 꺼내
후다닥 영상에 담아낸다.

새 섬이다.
처음 본 바다 새가
섬을 가득 채우고 있다.

바람처럼
우아한 비행이
참 유연하고 아름답다.

교민 농장에 초대받다~~ 💕

세상은 넓고
외진 곳도 많고
또 여행 가고 싶은 곳도 많다.

더 넓은 세상
내가 가보지 못하고
알지 못하는 넓고 다양한 세상

대륙 끝이고,
사람 흔적이 없을 곳에
우리 교포가 땅을 일구고 산다.

남미대륙의 끝
우수아이아 외곽지역에
교민이 40여년째 살고 있다.

일년에
8개월이 겨울인 곳
눈이 내리는 날이 많은 곳이다.

현재
우수아이아에서
없어서는 안 될 최고 농장으로

이 지역
90%의 꽃을
거의 모든 곳에 공급하고 있다.

농장에 들어서니
수많은 화려한 꽃들이
실내외에 넓게 자리해 피었다.

광대한
온통 야생화 꽃밭이
높은 설산에 빙 둘러싸여 있다.

경관이
너무나 아름다워
곳곳에 전원주택 단지가 있다.

땅값이
그동안 많이 상승해
땅부자가 됐다고 씁쓰레한다.

12ha에 이르는
광대한 농원 '비베로'
어쩐지 나까지 자부심이 든다.

신기하고
놀라운 생각이 먼저 든다.
어떻게 이런 곳으로 와서 살까.

남미 이민
문명근 씨가 처음으로
하우스 농법으로 화초를 재배해

성공한
이민이 되고 2세인
문병경 임영선 부부가 성공한다.

아버지를 여의고
의과대학을 그만둔
차남이 엄마와 함께하고 있다.

족보상 동 항렬이고
나와는 그리 밀지 않는
종친 관계여서 더욱 반가웠다.

기꺼이
우리 집에 초청했다.
꼭 가겠다고 많이 반가워한다.

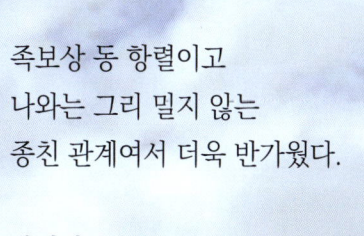

우수아이아를 떠나다… 💕

우수아이아
꼭 한 번은 가 봐야 할
파타고니아를 대표하는 도시.

국립공원도 가고
비글해협도 유람하고
근처의 호수에도 가볼 수 있다.

하늘과
앞바다가 참 맑다.
산 틈 사이로 설산이 내보이고

웅장한 산세
유럽풍의 건물들이
놀란 눈을 떨어지지 않게 한다.

빙하를 덮어쓴
차갑고 기운찬 암봉들
산 그늘이 해협을 보듬어 안고

해질녘에
줄지은 설산 너머로
마을을 보랏빛으로 물들인다.

세상 끝
지구 최남단의 도시
황홀하고 아름다운 항구이다.

물가가
가장 비싼 관광지이나
양도 많고 맛있는 식당도 있고

기념품
가게도 많이 있고
고급 아웃도어 가게들도 있다.

알파카와
펭귄 인형을 사서
검은색의 손가방에 매달았다.

솜털같이
보드라워 감촉도 좋고
가방에 썩 어울린다고들 한다.

해안가에
관광정보센터가 보여
유명한 '세상 끝 도장'도 받았다.

이 예쁜 곳에
더 머물지 못하고
떠나게 되는 것이 못내 아쉽다.

3. 부에노스아이레스

플로리다 거리를 걷다~~ 💕

부에노스아이레스
사랑과 낭만의 도시
배낭여행에서 빼놓을 수 없는 곳

서울 명동
광주 충장로와 같은
보행자 전용 중심상가거리이다.

신호등
3개를 지나야 건널 수 있는
세계에서 가장 넓은 '7월 9일로'

우거진
자카란다 나무가
가로수로 중앙 분리대를 만들고

무게 있는
은행 및 업무건물이 밀집
중앙업무지대를 형성하고 있다.

3,500여명을
수용할 수 있는 규모의
세계 5대 극장 중 하나 콜론극장

광장 중앙
거대한 꽃 조형물
세계에서 가장 큰 쇠로 되어 있고

길거리
탱고 댄서와 연주자들
그 열정이 무대 못지않게 뜨겁다.

곳곳에
탱고춤을 추는 레스토랑
식사하면서 배우고 체험도 한다.

노천카페에서
커피 한잔 여유를 즐기며
남미의 버스킹 탱고를 감상한다.

카페, 바 등이
화려하게 늘어서 있어
볼거리가 많고 번화가를 이룬다.

이곳에도
'오월의 광장'이 있네

부에노스는
1530년대에 건설된
인구 1,300만 정도라고 한다.

도심은
유럽 도시 못지않게
화려한 중세 건물이 즐비하다.

대통령궁은
장미의 집이라는 이름처럼
분홍색 색상으로 칠해져 있다.

오월의 탑
그 탑의 안에는
각지에서 가져온 흙을 담았다.

이 광장에서
1810년 5월 25일
혁명이 발생 독립 선언을 했다.

실종된
아들을 찾기 위해
아기 기저귀 천의 흰 수건 쓰고

지금도
흰 수건을 둘러맨
어머니를 광장에서 볼 수 있다.

땅바닥에
이들을 의미하는
흰 수건의 그림이 그려져 있다.

5월의 광장
광주의 5.18운동과
묘한 감정이입으로 숙연하다.

조선의 순교자
그림이 걸린 성당

아르헨티나
부에노스아이레스에
메트로폴리탄 대성당이 있다.

18세기에
종탑 없는 성당인
신고전주의 양식으로 지어졌고

귀중한 성상들
제단화와 네오르네상스
네오바로크 장식 성물이 많다.

새겨진 부조
이오니아식의 기둥은
그리스 신전을 그대로 따랐다.

화려한
황금으로 장식된
천정 때문에 성당 안이 밝다.

입구에
아르헨티나 출신인
프란치스코 교황 사진이 있고

성당 안에
산 마르틴 장군의
유해가 묻힌 묘가 설치돼 있다.

최근에
'두 교황'이란
영화가 이곳에서 제작되었다.

이 성당에
특별한 곳이 있는데
바로 조선 순교자들 그림이다.

레지나 정이란
이곳의 교포 화가가
한국 천주교 성인들을 그려서

특별히
이곳에 기증했고
성당 안의 한쪽 벽에 설치했다.

지금도
성당의 한쪽 벽에
김대건 신부 등 그림이 걸렸다.

조선의
가톨릭 박해자들을
여기서 보다니 마음이 찡하다.

아르헨티나
문화의 상징 '탱고'~~💘

껴안은 채
음악에 맞춰 걸으며
다양한 발동작이 이루어지고

여인의 향기
경쾌한 음악에 따라
회전과 미끄러지듯 걷는 스텝

리듬과 움직임에
관중이 완전히 몰입되고
신난 희열이 차오름을 느낀다.

춤의 일부로
살아있는 이 순간이
즐거움과 기품으로 가득 온다.

공연이 멈추면
호흡이 멈출 것 같고
모든 것이 사라질 것만 같다.

전설적인
까를로스 가비또
그는 전설적 인물로 남아 있고

보카항의
노동자 춤에서 유래한
춤은 1940년대 황금기였고

탱고는
단순한 춤이 아니고
그들 역사, 문화, 정체성이고

이제는
이미 삶의 일부가 되어
그들의 정신세계에 녹아있다.

공연이
끝나고 나오는 길
문화, 그 의미를 생각해 본다.

엉키지 않은
삶이 어디 있을까!
춤추는 듯 인생을 살고 싶다

해외여행,
내게 하나의 꿈

나의
해외여행에는
꼭 하나의 목표가 있다.

내가
방문하는
국가나 도시들 중에서

색다른
문화나 자연을 지닌
나라나 도시가 있을 시

그 특별한
문화나 자연이 담긴
그림 한 폭을 수집한다.

사거나
선물로 받거나
이들을 모으는 일이다.

현재까지
50여 곳에 이른
특별한 그림을 모았다.

앞으로
100여 곳이 되면
꼭 개인전을 열 목표다.

이번에
남미 여행에서도
탱고 그림을 수집했다.

아르헨티나
부에노스아이레스
카미니토 탱고 발상지

가장
대표적인 그림을
가격 있는 것으로 샀다.

그리고
탱고 전문 춤꾼과
기념사진도 함께 했다.

이번
남미에서 얻어낸
또 하나 꿈의 실현이고

내 인생의
멋진 추억이자
귀한 걸 얻는 여행이다.

탱고 발상지 '카미니토'

옛 항구
라플라타 강이
바다와 만나는 카미니토

유럽의
수많은 이민자들이
이곳을 통해서 들어왔다.

당시
번영했던 모습
그 흔적에서 느껴진다.

조선소,
피혁공장, 도살장
고단했던 그들 흔적이다.

탱고 음악이
맥주 한잔과 함께
이 골목에서 발생되었고

여전히
연주자와 댄서들
길거리 공연이 이어진다.

탱고를
사랑하는 사람들이
끊임없이 넘쳐나고 있다.

어느 화가가
다채로운 색상으로
골목을 알록달록 색칠 후

포토존
관광지가 되어
더욱 많은 사람이 찾는다.

길지 않는
굽은 골목길이
파스텔톤으로 화사하다.

노천카페와
벽화가 어우러져
몽마르트와 비슷한 모습

포토존에는
사진 찍으려는 줄이
백미터도 넘게 서 있고

식당들은
탱고를 틀어놓고
길가 고객을 호객중이다.

거리가
생동감이 넘치고
무척 인상적인 경관이다.

카미니토는
탱고 음악의 역사를
지금껏 함께 하고 있었다.

독특한
그 분위기에
내 마음이 흠뻑 젖어 든다.

세계에서 가장 아름다운 서점

이번 남미여행에서
아르헨티나 부에노스아이레스의
'엘 아테네오 서점'을 기꺼이 찾았다.

보면서 너무 예쁘고
기억에 남을 곳이라 생각했고
또다시 가고 싶은 곳이라 생각했다.

처음 지어졌을 땐
오페라 공연장이었으나
1990년 후반 서점으로 개조되었다.

연간 100만명
사람들이 이곳을 방문하는
현재는 인기가 많은 서점이 되었다.

아름답고
머물기 좋은 서점이다.
곳곳에 의자도 많이 배치되어 있다.

혼자 오더라도
조용히 책 읽고 구경하며
시간 보낼 수 있는 곳으로 추천한다.

다양한 책을 파는데
거의 다 스페인어 책이어서
구입 없이 그냥 눈으로만 보고 왔다.

서점 천장과
정면의 벽면 커튼이
건물 초기의 것으로 고풍스러웠고

곡선과 직선의 만남
곡선 건축물의 아름다움
3층에서 내려다보는 모습이 예쁘다.

들어서는 순간
내부의 건물 인테리어
그 미적 아름다움이 눈을 압도하고

음악이 흐르고
미니 레스토랑과 카페로
마치 오페라 공연장을 보는 듯하다.

나오면서
도시 속에 예쁜 서점은
땅 위에 예쁜 꽃이 있는 것과 같다고,

혼자 생각 속에
최고 예쁜 서점의 도시
부에노스아이레스를 내내 생각했다.

세상에서 가장 아름다운 묘지

아르헨티나
유서 깊은 역사를 지닌
유명 인사들의 가족 묘원이다.

예술적
우수성을 인정받아
국가문화재로 지정되어 있고

레콜레타 묘원
CNN이 선정한
세계 10대 묘지 중 하나여서

한낮의
여름 무더위를 뚫고
먼 길을 힘들여서 찾아갔다.

죽은 자
공간이라기보다는
산 사람들의 아파트촌과 같다.

잘 정비된
도시의 기반시설
우람하고 웅장한 석조 건물들

가득 찬
참배객과 관광객
잘 갖춰진 생활환경 기초시설

이름이 알려진
유명 인사들의 묘지명
과연 인기 관광지가 될만하다.

묘지에는
영화 같이 살다 간
유명한 '에비타 묘지'도 있다.

그녀는
빼어난 미모로
대통령 부인이 되었고

누구나
아르헨티나 하면
곧 떠오르는 인물이 그녀이나

초라하고
규모가 크지 않아
겨우 찾았으나 실망스러웠다.

남미 대표음식 '아사도 만찬'

아르헨티나는
사람보다 소가 많고
팜파스 초원에 방목한다.

아르헨티나
세계 제일 좋은
소고기란 자부심이 크다.

아르헨티나
가장 대표적인 음식
아사도 만찬을 체험했다.

쇠고기에
소금을 고루 뿌려
숯불에 구운 바베큐이다.

쇠고기 중
특히 갈비뼈 부위를
통째 구운 후 잘라 먹는다.

갈비뼈를
횡으로만 길게
자르는 것이 사뭇 다르다.

숯이나
석탄을 사용해
특이한 기구로 구어 낸다.

굽는 방식이
좀 까다로우나
고기 맛이 아주 부드럽다.

아사도에
레드 와인과
샐러드를 곁들여 먹었다.

축제와 기념일
가족과 친구들 모임에
빠지지 않는 중심 메뉴이다.

보기에는
좀 그러나
그 맛은 결코 잊을 수 없다.

지구 반대편
독특한 맛 체험이다.
특별한 추억이 될 것 같다.

부에노스아이레스여 안녕!

한여름인데
공항 문을 나서니
서늘한 바람이 분다.

디폴트를
7회나 겪고도
흥청망청 사는 국민

국가는
가난해도
국민들은 부유하고

자원과
식량이 넘쳐나고
온난한 기후가 좋다.

라플라타
세계에서 강폭이
제일 넓은 하천가에

소가
사람 수보다
두세 배나 더 많고

축구에
모든 국민이
인생을 거는 나라

이해가
안 되는 것들이
너무 많은 나라다.

정든
부에노스아이레스
발걸음이 떨어지지 않네….

브라질

1. 이과수 폭포

라파인 디너쇼에 젖다

이과수 폭포 보고
세계 각국의 사람들이
엄청나게 큰 식당에 모여든다.

전통음식과
남미 민속음악에
열정적 춤이 함께 어우러지고

정열적인
라틴 음악이 퍼지고
밤무대가 폭발하듯 타오른다.

경쾌한 리듬
시원스러운 춤동작
노래에 정신세계가 담겨있고

이어지는
관객의 환호성
세계에서 온 관객이 열광한다.

테이블별
국기를 흔들고
자국의 존재감들을 나타내며

무대와
관중이 하나 되는
함께 어울린 한마당이 된다.

현란한 춤
터질듯한 음악 속에
먹고 마시며 여행피로를 푼다.

현란한
남미 리듬과 춤에
관객들이 여름밤을 수놓으며

남미 전통의
화려하고 역동적이며
현란한 춤과 음악을 즐긴다.

여름밤을
빨갛게 물들이는
석양과 함께 밤이 깊어 간다.

악마의 목구멍에 들어가다!

폭포 옆
산책로를 따라간다.
수직 절벽을 따라 굉음을 낸다.

바로 옆
풀숲으로 들어가면
정글이고 동물이 많다고 한다.

쏴-악~~
폭포 소리 들으며
천천히 전망대를 향해서 간다.

흐린 날씨
안개비가 내리더니
곧 장대비로 바뀌어 쏟아지고

크고 작은
무려 275개의 폭포
보트로 폭포 향해서 나아간다.

악마의 목구멍
낙차가 무려 80미터
그 속으로 미끄러져 들어간다.

장엄한
거친 폭포의 물줄기
온몸으로 맞으며 스릴 느낀다.

악마의 목구멍
이 장관, 이 스릴, 이 감동
어떤 글로서도 표현할 수 없다.

쏟아진 물에
배가 내려앉을 찰나
급히 핸들을 확 꺾어 빠져나와

배 바닥
쌓인 물을 비움으로써
천만다행으로 모험이 끝난다.

웅장한
자연의 힘과 아름다움
감각을 사로잡고 경이롭다.

독특한 경험
숨 막히는 풍경이
지울 수 없는 인상을 남긴 채

대폭포의
거대하고 경이로움
가슴에 오랫동안 남을 것이다.

이과수 폭포
사람이 하도 많아
사진을 찍을 공간이 없을 만큼

관광객의
발길이 끊이지 않는
남미 최고의 관광지고 명소다.

돌아오는 길
어느새 비가 그치고
남미의 석양빛이 유난히 붉다.

방금 봤던
황홀한 장면과 경험
또 하나의 꿈이 되어 남으리라!

브라질 조류공원

새장인데
새장 같지 않는
자연공원의 정글 그 자체이다.

일단 새를
가까이서 볼 수 있고
처음 보는 새가 많아서 좋다.

아름다운
새도 많이 있지만
진짜 못되게 생긴 새도 보인다.

빨강 홍학
핑크색 플라밍고
심지어 귀한 특이종들도 많다.

칼라풀한
색깔의 새들이 예쁘다.
나뭇잎 칼라 연두색 새도 있다.

먹이가 풍부한
자연 정글로 이루어진
잘 가꾸어진 새들의 천국이다.

부리가
몸의 1/3을 차지해
커서 무거워 보이는 새도 있고

색깔이
다채롭고 예뻐
만화 캐릭터와 같은 새도 있다.

지나가도
늘 사람을 봐서인지
모든 새가 친근하게 다가온다.

귀엽고
오색찬란해서
자꾸 모델 사진을 찍게 만든다.

이국의 새들
이름은 기억 못하나
아름다움을 맘에 담고 나왔다.

남미 3국
국경마을에 서다~~~💕

푸에르토 이과수
아르헨티나 북부의
국경 지대에 있는 도시다.

파라나 강과
이구와나 강이
이곳에서 합류하고 있다.

3개국의
국기가 펄럭이고
전망대가 한쪽에 보인다.

아기자기한
늘어선 기념품 가게
핸드메이드라 유니크하고

편안하고
아름다운 국경마을
산책하면서 동네 한바퀴

딱히
뭐 사지 않아도
슬슬 구경하는 재미 있다.

아르헨티나
파라과이, 브라질
강 하나로 3국이 나뉜다.

서 있는 곳이
아르헨티나이고
좌우가 파라과이 브라질.

강변에 앉아
국경선 바라보며
홀로 깊은 상념에 젖었고

신나게
뛰노는 아이들
국경이 자유로운 곳이네.

강빛 마을
강 위로 떨어지는 태양
자연이 멋지고 평화롭다.

2. 리오데자네이로

세계 미항 '리오'의 경관

옥색 바다
쏟아지는 햇빛
저 짙푸른 하늘과 뭉게구름

뻗어 내린
산줄기 고봉들
케이블카들로 이어져 있고

세계 각국에서
관광객들이 물밀듯이
밤낮 가리지 않고 몰려들어

해변의 암봉
710m 높이에서
파노라마의 전망을 즐긴다.

조상들이
조각품 하나 잘 세워
오늘날 후손들이 먹고 산다.

해질녘에
보사노바가 흐르고
여행의 낭만이 극에 이르고

빵산에서
아사이 베리와
브라질 커피 한 잔을 마시며

휴양의
세계 3대 미항
리오의 아름다움을 즐긴다.

리오의 '셀라론 계단'

한 예술가의
노력으로 유명해진
이색적 포토존 '셀라론 계단'

한 골목을
22년간 타일 장식을
멈추지 않고 홀로 꾸며냈다.

60여국
팬들이 보내온 벽돌
하나하나의 장식을 이뤄냈다.

다양한 타일
칼라풀 도자기 조각
화려한 계단과 벽을 꾸몄다.

다 함께
태극기가 그려진
숨은 보물찾기도 재미있고

작가의
얼굴이 그려진
그림 타일 찾기도 흥미롭다.

당시에는
쓸쓸하고 외롭고
긴 시간 꽤 힘들었을 듯하나,

지금은
예술가 거리가 되어
주민의 소득원이 되고 있구나.

인기가 좋아
서로 먼저 사진 찍으려고
자리 차지의 경쟁이 치열하다.

브라질 '리오 대성당'

브라질
리오 데 자네이로
랜드마크 역할을 하는 성당

높이 80m
밑지름 96m 원뿔형
거대한 요새 형태의 건축물

일반적인
성당의 구조와는
건축 양식이 사뭇 많이 달라

수많은
세계 건축가들이
답사차 조사 방문하는 곳이다.

마야 문명의
피라미드 영감에
현대적 스타일을 가미한 건물

겉에서 보기엔
멋없는 시멘트 건물이나
들어가면 너무나도 아름답다.

바닥에서
천장까지 이어진
스테인글라스가 인상적이고

인공조명 없이
자연 채광으로만
황홀한 조명을 연출해 낸다.

넓은 내부는
무려 수천여명이
동시에 미사를 드릴 수 있고

드넓은
성당 앞 광장에는
만여명이 집회를 할 수 있다.

성당 주변의
현대적인 건축물들이
어울려서 화려함을 더해주고

사진 보다
실제로 보는 것이
훨씬 더 아름다운 건물이다.

정든 리오를 떠나며

남미 대륙의
거의 50%에 이르는
엄청난 국토 면적을 차지하고 있고

인간에게 필요한
모든 것의 자급이 가능한
하늘이 내려 준 풍요로운 나라이다.

국토는 넓고
사는 사람은 적고
인간이 필요로 하는 자원들은 많다.

아마존 유역에는
지구상 어디에서도 볼 수 없는
독특한 동식물 자원량이 풍부하고

보오크사이트
철광석, 금, 주석, 석유 등
각종 지하자원이 세계 최대 규모다.

지구 허파인
아마조니아 밀림(셀바스)
정열적인 삼바 춤과 축구가 유명하고

광활한 영토
풍부한 자원을 바탕으로
'기회 땅'이라 여겨지고 있는 나라다.

중남미 국가에서
가장 주목 받고 있는 만큼
인접국에서 이주민이 유입되고 있다.

1년 벌어
하루 만에 다 써버린
화끈하게 노는 사람들이 사는 나라.

거리에는
혼혈이 많이 이루어져
특색 있는 외모 가진 사람들이 많다.

떠나오는 길
미적 요소를 다 갖춘
너무나 아름다운 리오데자네이로항

남아메리카
국가의 상징과도 같은
이과수폭포가 머릿속을 계속 맴돌고

어제저녁에
삼바 춤 매력에 푹 빠졌던 기억
내 인생에 결코 잊을 수 없을 것 같다.

3. 아마존강

아마존강의 볼거리

아마존강 최대도시 '마나우스'
자연사박물관
핑크돌고래 체험
피라냐 낚시
악어 사냥
수상가옥
인디오박물관
인디언 원시 부족촌
아마노나스(오페라하우스)
두 색깔(흑/황) 강의 합류점 답사

관광의 허브 '마나우스'

밀림 속 유서 깊은
역사도시라
옛 유적지가 산대하고

아마존
열대우림 중심지이고
산물 집산지다.

1902년 이후
천연고무 생산으로
급속히 발달

황마와 목재
고무, 호두, 자단기름
생산이 많고

아마존 열대 밀림
출입구
길들여지지 않은 자연

리우 네그로 강의
어두운 물색
모래 색깔의 아마존 강

두 강이 합류하는
마나우스
매혹적인 자연 현상

정글과 야생 동물
탐험의 잘
생물 다양성에 놀라고

천연자원
야생미와 생태적 가치
인류의 보물이다.

이국적인 과일,
물고기 및 토착 공예품
활기찬 시장

열대우림의 땅
오래된 풍습
삶의 방식이 독특하다.

순수하고 신비로운
자연과 원시
이미지 그 자체이나

전통 가옥에서
옛 방식으로 사는
사람은 거의 없다.

학교에 다니고
농사 지으며
핸드폰을 사용한다.

과학문명의 발달로
이젠 세계가
평준화된 느낌이다.

아마존강 크루즈 유람

열대 밀림을 흐르는
세계에서
가장 크고 가장 넓은 강.

희귀한 동식물
진귀한 자연현상
흥미로운 그 생성 과정

200개가 넘는 지류
'끓는 강'이 있고
두 색이 섞인 곳도 있다.

대자연의 밀림 속
모든 것들이
신비롭고 경이롭다

아마존 강을 항해하는
크루즈 선들의
편안함과 고급스러움

아름다운 주변 풍경
조망이 가능한
개방감 있는 창문

신기하고 이색적인
야생동물
강가에 사는 원주민

그림 같은 풍경
그 관찰에
잠시 넋을 빼앗긴다.

크루즈가
단순한 여행이 아닌
야생을 받아들이고,

자연의 심장에
깊이 파고드는
스릴 넘치는 경험이다.

위험한 피라냐 낚시

무시무시한 공격성
왕성한 식욕
피라냐 낚시 즐긴다.

치아가 워낙 강해서
물리는 날에는
치명상을 입는다.

물에 빠진
승객들을 공격해
사망시키기도 한다.

작은 물고기나
물에 빠진 동물 먹는
육식성 어류다.

 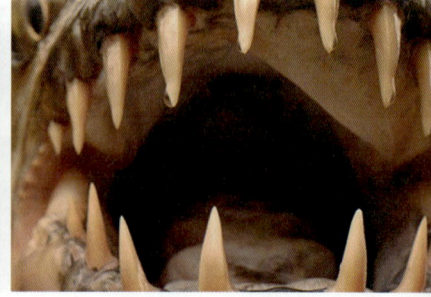

현존하는 동물 중
가장 날카로운
치아 소유자이다.

위험성이 크나
겁이 많아
떼거리로 다니고

쳐놓은 그물을
갈기갈기 찢어놓는
골칫거리란다.

낚시에 걸린 물고기
피를 흘리자
갑자기 달려든다.

일단 낚시에 걸려
출혈한 것에
민감한 반응이다.

인디언 원주민 촌

이른 아침
호텔에서 보는 강풍경
너무나 아름답다.

넓디 넓은
광활한 네그로강
꿀벌 채취하는 원주민

새들이 짹짹거리는
나뭇가지 사이
원숭이들 뛰어다닌다.

원주민 민가
강가에서
여유있는 시간 보낸다.

어느덧
수상가옥에
생선요리가 차려지고

토속주 한잔에
라면과 김치 곁들여
아침을 먹는다.

원주민 전통음식
입맛이 다르나
함께 섞으니 다르다.

나오며

남미 여행을 마치며

한 달여간
남미 여행에서 느낀 점이
글로 쓸 수 없을 만큼 많다.

여행은
사전 학습이 요구된다.
아는 만큼 보이는 것이다.

여행은
어디를 갔다 왔느냐가
그렇게 중요하지가 않다.

얼마나
저렴한 비용으로
갔다왔냐도 중요하지 않다.

누구랑
어떤 프로그램으로
어떻게 갔느냐가 중요하고

보다 더
중요한 것은
누구랑 갔느냐 하는 것이다.

개별여행
단체여행 둘 다
그 나름대로 장단점이 있다.

단체는
특별한 이벤트를
값싸고 쉽게 계획할 수 있다.

저렴한
패키지는 피하라.
여행 비용은 비쌀수록 좋다.

싼 게 비지떡!
우리 속담도 있다.
괜한 시간 낭비할 필요 없다.

느낌이
없는 여행은
짜증난 노동이고 무가치하다.

비싼 프로그램으로
수준과 마음 맞는 이끼리
다녀오는 여행이 가장 좋다.

나에게 여행이란

나에게
여행이란 무엇일까.
일상의 무료함에서 벗어남일까?

여행이
미지의 세계에 대한
내 다양성을 비춰주는 거울일까?

우리 삶은
성찰의 시간이 필요하다.
흘러가는 대로 이어진 게 아니다.

삶은 흐르고
어떻게 살아야 하는지
그 답을 여행에서 찾을 수 있다.

삶의 시간은
함께한 서로의 감정으로
소통되어 풍성해진다고 말한다.

여행은
풍요로움을 주며
몇 년은 더 오래 살은 감을 준다.

공유하는 이들과
이야깃거리를 제공하고
오랫동안 우려먹고 우려먹는다.

자연경관이
역사와 문화가 엮어질 때
여행의 재미는 훨씬 배가 되고,

우리랑
다른 모습을 보고
그 까닭을 알아가는 재미가 크다.

남미의
특별한 꿈을 꾸며
항공에서의 가을밤이 깊어 간다.

남미를 노래하다
América del Sur

저자	문병채
초판발행	2024. 4. 10.
펴낸곳	샘물출판
등록번호	제05-01-0193호
등록일자	1998. 2. 9.
주소	광주광역시 동구 문화전당로23번길 14
전화	062-227-9640
저작권자	글·사진ⓒ2024 문병채
ISBN	979-11-987350-0-3 (03810)

잘못된 책은 교환해 드립니다.

정가 33,000원